UTB **3349**

Eine Arbeitsgemeinschaft der Verlage

Böhlau Verlag · Köln · Weimar · Wien
Verlag Barbara Budrich · Opladen · Farmington Hills
facultas.wuv · Wien
Wilhelm Fink · München
A. Francke Verlag · Tübingen und Basel
Haupt Verlag · Bern · Stuttgart · Wien
Julius Klinkhardt Verlagsbuchhandlung · Bad Heilbrunn
Lucius & Lucius Verlagsgesellschaft · Stuttgart
Mohr Siebeck · Tübingen
Orell Füssli Verlag · Zürich
Ernst Reinhardt Verlag · München · Basel
Ferdinand Schöningh · Paderborn · München · Wien · Zürich
Eugen Ulmer Verlag · Stuttgart
UVK Verlagsgesellschaft · Konstanz
Vandenhoeck & Ruprecht · Göttingen
vdf Hochschulverlag AG an der ETH Zürich

Linguistik für Bachelor – herausgegeben von Hans Jürgen Heringer

bislang erschienen:

Hans Jürgen Heringer: *Morphologie*
Dietrich Busse: *Semantik*
Henning Lobin: *Computerlinguistik und Texttechnologie*
Hans Bickes/Ute Pauli: *Erst- und Zweitspracherwerb*
Stephan Habscheid: *Text und Diskurs*

weitere Bände in Vorbereitung

STEPHAN HABSCHEID

Text und Diskurs

WILHELM FINK

Der Autor:

Stephan Habscheid ist Professor für Germanistik/ Angewandte Sprachwissenschaft an der Universität Siegen. Schwerpunkt seiner Forschung: Soziopragmatik, Kommunikations- und Medienlinguistik, Sprache in Institutionen und Organisationen. Publikationen u.a.: *Sprache in der Organisation* 2003; *Über Geld spricht man … Kommunikationsarbeit und medienvermittelte Arbeitskommunikation im Bankgeschäft* 2006 (zusammen mit Werner Holly u.a.).

Bibliografische Information Der Deutschen Nationalbibliothek

Die Deutsche Nationalbibliothek verzeichnet diese Publikation in der Deutschen Nationalbibliografie; detaillierte bibliografische Daten sind im Internet über http://dnb.d-nb.de abrufbar.

Gedruckt auf umweltfreundlichem, chlorfrei gebleichtem Papier

© 2009 Wilhelm Fink GmbH & Co. Verlags-KG, Paderborn
(Wilhelm Fink GmbH & Co. Verlags-KG, Jühenplatz 1, D-33098 Paderborn)
ISBN 978-3-7705-4882-8

Internet: www.fink.de

Printed in Germany.
Herstellung: Ferdinand Schöningh, Paderborn
Einbandgestaltung: Atelier Reichert, Stuttgart

UTB-Bestellnummer: ISBN 978-3-8252-3349-5

Inhalt

Einleitung

Braucht die Welt eine weitere Einführung in die Textlinguistik? – Wenn ich an den Studienalltag denke, sehe ich da vor allem eine Lücke: Was fehlt, ist ein Buch zum Einstieg, das einige Dinge zusammenbringt, die in der Literatur zumeist getrennt verhandelt werden:

- ein gleichermaßen wissenschaftlich fundierter wie „realistischer" Blick auf sprachliche Aufgaben und Probleme, die beim Umgang mit Texten in der Kommunikationspraxis auftreten, zum Beispiel bei der Gestaltung oder Rezeption von Hypertexten für elektronische Medien (Website, CD-ROM etc.);
- eine wissenschaftliche Methodik, die uns den Blick für die Alltagsphänomene nicht verstellt, sondern empirisch rekonstruieren hilft, was in der Perspektive der Beteiligten tatsächlich geschieht, wenn Texte als solche wahrgenommen, verstanden und anerkannt werden (oder auch nicht);
- ein Interesse an sprachwissenschaftlich fundierten Erkenntnissen über kulturell und historisch spezifische Kommunikationsverhältnisse, auch in ihrer gesamtgesellschaftlichen und politischen Dimension, mit einem (methodisch kontrollierten) diskurstheoretischen Brückenschlag von der linguistischen Textanalyse zur interpretativen Sozialforschung und empirischen Kulturwissenschaft;
- eine Integration von Handlungs- und Medientheorie und die Frage nach den vielfältigen medialen Rahmenbedingungen, die beim Schreiben und Lesen von Texten ins Spiel kommen (über die recht grobe Unterscheidung von Mündlichkeit und Schriftlichkeit hinaus); letztlich das Interesse an differenzierten Erkenntnissen darüber, in welchen Hinsichten Medien textvermittelte Handlungsprozesse strukturieren und formen – oft, ohne dass uns dies bewusst würde.

Vor dem Hintergrund der Fachentwicklung und unter didaktischen Gesichtspunkten erscheint es sinnvoll, den Schwerpunkt einer Einführung in die Text- und Diskurslinguistik auf die Perspektive des Lesens, Verstehens und Deutens von Texten zu legen. Für Schreib- und Designprozesse ist eine solche Perspektive ebenfalls relevant, was zumindest in Ansätzen gezeigt werden soll.

Analyse und Interpretation von Texten sind nicht nur für viele Wissenschaften von elementarer Bedeutung. Vieles spricht dafür, dass unsere „spätmoderne" Gesellschaft auch darauf angewiesen ist, bei der praktischen Bearbeitung kommunikativer Aufgaben, Probleme und Konflikte Spezialistinnen und Spezialisten für Texte heranzuziehen. (Um gleich einem Missverständnis vorzubeugen: Dabei geht es nicht darum, die Aufgaben der Wissenschaft auf eine Lieferung von Wissen zu reduzieren, das sich unmittelbar ummünzen lässt. Die Öffnung für gesellschaftlich relevante Themen, und zwar in ihrer ganzen Breite, ist in der Text- und Diskurslinguistik schon viel älter als die jüngsten Studienreformen. Und: Entgegen einer Tendenz, die wissenschaftlichen bzw. fachspezifischen Anteile in einem berufsorientierten Studium geringer zu schätzen, ist am Beispiel der linguistischen Textanalyse plausibel zu machen, dass man gerade mit der methodischen Kompetenz des wissenschaftlichen Arbeitens in der professionellen Kommunikationspraxis besonders viel anfangen kann).

Zu gesellschaftlich relevanten Erkenntnissen zu gelangen und diese an die Praxis „rückzubinden", ist ganz sicher eine lohnende, keinesfalls aber eine leichte Aufgabe. Sie verlangt allen Beteiligten ein hohes Maß an Anstrengung ab. Nicht zuletzt hat man mit vielen Vorurteilen zu kämpfen. Ein Grund dafür liegt darin, dass Wissenschaft und Praxis bei ihrer Einteilung der Welt oft grundverschieden verfahren: Während die „bunte", auf den ersten Blick unsystematische Begrifflichkeit, die in der Alltagskommunikation Ordnung stiftet, keinen Eingang in die Sprech- und Sichtweisen der Experten findet, bleiben die „strengen" Ordnungen des wissenschaftlichen Diskurses aus Sicht der Praxis blutleer und irrelevant.

Wir wollen hier einen etwas anderen Ansatz verfolgen, der – ein hohes Maß an Kooperativiät vorausgesetzt – durchaus gute Chancen für eine Verständigung zwischen Wissenschaft und Praxis bietet. Dazu gehen wir von zwei grundlegenden Überlegungen aus:

• Durch Texte bringen wir unsere soziale Wirklichkeit hervor. Zum Beispiel ist durch Texte vermittelt, was wir als Mitglieder einer Gesellschaft über Sachverhalte in der Welt wissen, wie wir die Wirklichkeit (zum Beispiel ein politisches Ereignis) auf dieser Basis wahrnehmen, verstehen und erleben, wie wir auf dieser Basis kommunikativ und nicht-kommunikativ handeln, welche Erwartungen an das Handeln anderer wir haben, welche Identitäten wir uns selbst und anderen zuschreiben etc. Durch die Folgen des Handelns wirkt Wissen auf gesellschaftliche (Macht-)Verhältnisse, die ihrerseits die Kommunikation von Wissen beeinflussen.
• Kommunikativ Handelnde müssen zugleich Inszenierende ihrer Handlungen sein und in ihren Texten systematisch anzeigen, wie die Kommunikationspartner die Handlungen verstehen sollen. Genau hier kann auch eine Textanalyse und -interpretation ansetzen: zum einen, indem sie nach der sprachlich-medialen Systematik der Anzeigehandlungen fragt; zum anderen, indem sie auf dieser Basis den Textsinn rekonstruiert, den die Rezipienten ihm beimessen können.

In dieser Art von linguistischer Analyse- und Interpretationskunst geht es weder um das psychische Innenleben des Autors oder Lesers noch um eine Beschreibung von Texten, wie sie Wissenschaftler als Außenstehende vornehmen können; im Mittelpunkt steht eine Re-Konstruktion des praktischen Umgangs mit Texten, wie ihn die Kommunikationspartner selbst pflegen: Texte werden in Kommunikationsprozessen durch Produzenten und Rezipienten hervorgebracht, die nicht nur textgrammatisch wohlgeformte bzw. handlungslogisch schlüssige Strukturen erzeugen, sondern durch einen je situierten Gebrauch verstehbarer Zeichen sozialen Sinn anzeigen bzw. verstehen. In diesem Sinne fügt sich eine linguistische Hermeneutik (vgl. die Beiträge in Hermanns & Holly 2007) in die Programmatik verstehender Sozial- und Kommunikationsforschung ein.

Diese Perspektive ist theoretisch anschlussfähig an ethnomethodologisch inspirierte Ansätze und Positionen der interpretativen Soziolinguistik, wie sie zur Erforschung verbaler Interaktion herangezogen werden. Dies wird im vorliegenden Band besonders dort deutlich, wo interaktive Formen textvermittelter Kommunikation (z.B. E-Mail) am Rande ins Blickfeld kommen; nicht behandelt werden hier dagegen Kommunikationsformen, die durch eine örtliche und/ oder zeitliche Kopräsenz der Kommunikationspartner charakterisiert sind (Face-to-face-Gespräch, Telefonat).

Wer einen solchen Ansatz verfolgt, muss eine ziemlich ungewohnte Perspektive einnehmen. Er muss nämlich das, was im Alltag meistens (keineswegs immer) ganz selbstverständlich gelingt, als ein erklärungsbedürftiges Problem betrachten: Das vermeintliche Einfache, der Umgang mit Texten, erweist sich bei näherem Hinsehen als eine ziemlich komplizierte und störanfällige Angelegenheit.

Derartige Überlegungen abstrakt zur Kenntnis zu nehmen, ist das eine. Ihren Reiz erkennt man erst, wenn man sich auf diese Perspektive wirklich einlässt: Unser Alltag ist voll von Texten (nicht nur solchen der Hochkultur), die durch die Brille der Textlinguistik in einem anderen Licht erscheinen, das sichtbar macht, wie Kommunikation funktioniert. Das kann erst einmal ziemlich irritierend sein, mit der Zeit durchaus faszinierend. Jedenfalls kann es zu vielen Aha-Erlebnissen führen. Nur so kann nämlich ins Blickfeld kommen, was Kommunizierende tun, wenn sie Texte als solche erkennen, verstehen und anerkennen. Und so kann man dann auch erklären, aus welchen Gründen die Kommunikation manchmal gründlich schief geht und zu Konflikten führt.

Genauso wichtig wie die Beschäftigung mit solchen methodischen Vorüberlegungen ist die Arbeit mit Texten als Untersuchungsmaterial: am besten gemeinsam mit anderen, idealerweise im Rahmen eines Seminars. Dazu will das Buch, auch durch viele authentische Textbeispiele, ein Angebot machen. Sicher muss man dazu auch viel wissen, was gelernt und abgefragt werden kann. An anderen Stellen kommt Wissen zum Tragen, das wir aus unserem kommunikativen Alltag mitbringen (müssen). Und dann sollte, wer das Ziel erreichen will, einen mutigen Schritt machen: hinein in die bunte Welt der

Texte, die uns Kultur und Gesellschaft, über das Studium und den Beruf hinaus, erschließen. Jedenfalls dann, wenn wir einen geeigneten Schlüssel dabei haben ...

Benutzerhinweise

Der vorliegende Band ist insofern „modular" konzipiert, als seine Lektüre weitgehend ohne fachliche Spezialkenntnisse aus anderen Teilgebieten der Sprachwissenschaft möglich sein sollte (Kenntnisse aus einer Einführungsveranstaltung müssen allerdings vorausgesetzt werden).

Innerhalb des vorliegenden Bandes ist die Darstellung bewusst *nicht* modular (oder multi-linear), sondern dem Zweck und Inhalt entsprechend linear gestaltet: Die Konzeption sieht vor, dass Studierende (ohne entsprechende Vorkenntnisse) durch die Lektüre der Kapitel und Abschnitte in der vorgegebenen Reihenfolge nach und nach ein immer komplexeres Wissen aufbauen (bzw. sich dieses Wissens unter der Perspektive der Text- und Diskurslinguistik noch einmal versichern). Besonders in den beiden letzten Kapiteln zur Diskursforschung und Medienlinguistik muss an vielen Stellen auf Theoriebausteine zurückgegriffen werden, die in den vorherigen Kapiteln ausführlicher behandelt wurden, um ein den Gegenständen angemessenes Niveau der Darstellung zu erreichen.

Im ersten Kapitel geht es nicht nur um ein grundlegendes theoretisches Bezugssystem (Integration von Handlungs- und Zeichentheorie), sondern auch um eine problemorientierte gesellschaftliche und wissenschaftliche Verortung des Lehrgebiets. Der Exkurs in Abschnitt 4.4 weist über den Stoff eines Einführungstextes hinaus und dient der sprachtheoretischen Vertiefung. Dieser Abschnitt soll besonders Studierende ansprechen, die bereits Vorkenntnisse aus der (strukturellen) Sprachwissenschaft mitbringen und die nach Schnittstellen zu dem im vorliegenden Band behandelten Wissen suchen.

Für die Nutzung des Buches in Seminarzusammenhängen bietet es sich an, die fünf größeren Kapitel in je zwei (bis drei) kleinere Portionen zu teilen und zur Einübung der Methoden weitere authentische Textbeispiele heranzuziehen.

Mein Dank

gilt den engagierten und professionellen Kommentatoren: dem Herausgeber der Reihe, Hans Jürgen Heringer, und Diethard Sawicki vom Verlag, die Probekapitel und eine frühere Fassung des Textes auf ihre didaktische und stilistische Lesbarkeit hin durchgesehen haben. (Was suboptimal geblieben ist, geht ohne Zweifel auf mein Konto.)

Nicht zuletzt danke ich, wieder einmal, meiner Familie für den großzügig gewährten Freiraum zum Schreiben.

1 Grundriss: Eine praxistheoretische Textwissenschaft

1.0 Am Anfang: Agenda und Impuls

Keine Wissenschaft ohne Theorie. Aber wie kann eine Theorie aussehen, die uns den Blick auf die kommunikative Wirklichkeit nicht verstellt? – In diesem Kapitel befassen wir uns mit

Lerninhalte

- den gesellschaftlichen Rahmenbedingungen für die Geisteswissenschaften und einem Verständnis von Text- und Diskurslinguistik, das sich darauf bezieht,
- einigen Prinzipien und Grundbegriffen interpretativer Sozialforschung, wie sie auch für den hier vorgestellten Ansatz der Text- und Diskurslinguistik richtungsweisend waren und sind,
- dem Verhältnis von Empirie und Theoriebildung, wie es dem hier vorgestellten Forschungsansatz angemessen ist.

Auf der Werbepostkarte eines Wissenschaftsverlags findet sich der folgende Foto-Cartoon. Wie wird die Arbeit von Wissenschaftlern hier dargestellt und (zwischen den Zeilen) kommentiert? Teilen Sie selbst diese Beurteilung? Welche Konsequenz könnte die Wissenschaft gegebenenfalls daraus ziehen?

Impuls

Abb. 1: „In das Chaos der Wirklichkeit vermag allein die Wissenschaft Ordnung zu bringen." (Quelle: Campus Verlag)

1.1 „Textual Analysis for Social Research"

Die Arbeit von Wissenschaftlern, zumal von Geisteswissenschaftlern, gilt vielen als denkbar „weltfremde" Beschäftigung. Was noch schlimmer ist: Auch die Geisteswissenschaften selbst leiden erkennbar unter dem Problem, das die Fotocartoon – mit den üblichen Mitteln der Übertreibung – selbstironisch thematisiert. Gemeint ist das „Trauma eines Verlusts der konkreten Welt" (Gumbrecht 2006, 27), also die dauerhaft beängstigende Erfahrung, sich – wie der Forscher auf unserem Bild – in den abgeschotteten „Pyramiden des Geistes" (Gumbrecht) zu verlieren, den Kontakt zur gesellschaftlichen Wirklichkeit zu verlieren.

Der Erfahrungshintergrund: Wenn Experten mit Laien kommunizieren, steht dem vollmundigen Versprechen der Experten, das „Chaos der Wirklichkeit" durch einen der Praxis überlegeneren Zugang zur Welt zu bändigen, oft das frustrierende Erlebnis gegenüber, dass Wissenschaft und Praxis buchstäblich aneinander vorbeireden: Während Begriffe, die in der Alltagskommunikation längst Ordnung und Relevanz stiften, keinen Eingang in die Sprech- und Sichtweisen der Experten finden, bleiben die Kategorien des wissenschaftlichen Diskurses aus der Sicht der Praxis oft blutleer und wenig hilfreich.

Andererseits sind unsere „spätmodernen" Gesellschaften offensichtlich darauf angewiesen, sich – auch – mit den Mitteln der Wissenschaft über sich selbst aufzuklären, also Expertenwissen in

Alltagsexperten alltägliche Reflexionsvorgänge einzubeziehen (Giddens 1991).Dabei nehmen Laien vielfältiges Expertenwissen nicht nur passiv auf, sondern integrieren – entsprechend den Praxisanforderungen und auf der Basis ihrer Erfahrung, Klugheit und Urteilskraft – geeignete Elemente kritisch und kreativ in bestehende Wissensstrukturen (Hörning 2001). Umgekehrt werden Wissenschaftlerinnen und Wissenschaftler im Zuge ihrer Arbeit und Kommunikation in vielfältiger Weise in die Welt verstrickt. Dabei sehen sie sich mit der Erwartung konfrontiert, Anregungen und Problemstellungen der Gesellschaft aufzugreifen. Sie sollen Erkenntnisprozesse in Gang setzen oder ermöglichen, auf deren Basis die Welt nicht nur gedeutet, sondern auch bearbeitet und verändert werden kann (Hörning 2001).

Aufgaben 1. In welchen Praxisfeldern treten Probleme beim Schreiben bzw. Lesen von Texten auf? Geben Sie Beispiele aus Ihrer Alltagserfahrung.

2. Wie müssen anwendungsorientierte Forschungsprojekte angelegt sein, wenn sie Wissenschaft und Praxis in einen fruchtbaren Dialog bringen sollen? Bringen Sie die folgenden Arbeitsschritte in eine idealtypische Reihenfolge, die Ihnen sinnvoll erscheint, und diskutieren Sie darüber in der Gruppe:

- den Gegenstand auf der Basis wissenschaftlicher Theorien bestimmen,
- die Daten (z.B. eine Sammlung von Texten) erheben,
- Problemhintergrund und Fragestellungen, die sich in der Praxis stellen, recherchieren,
- die Terminologie (den Fachwortschatz) der Untersuchung einführen, Definitionen,
- einen Zugang zum Untersuchungsfeld herstellen,
- die Ergebnisse der empirischen Untersuchung in theoretische Zusammenhänge stellen, die Theoriebildung über den Gegenstand weiterentwickeln,
- die Daten für die Analyse aufbereiten, analysieren und interpretieren,
- eine nachvollziehbare Methodik für die empirische Untersuchung entwickeln und festlegen,
- die Ergebnisse der empirischen Untersuchung für ein Fachpublikum darstellen,
- musterhafte kommunikative Praktiken aus den Daten rekonstruieren,
- die Ergebnisse der empirischen Untersuchung mit den Vertretern der Praxis diskutieren.

Vor dem Hintergrund dieser Herausforderungen baut die Text- und Diskursanalyse, wie sie hier verstanden wird, eine bemerkenswerte Brücke: Sie holt die Sprach- und Textwissenschaften dort ab, wo es um geregelte Sprechweisen (z.B. Schlagwörter in der öffentlichen Kommunikation) und ihre Bedeutung geht, also bei ihren ureigensten Gegenständen. Andererseits schlägt sie vor, Sprache und Kommunikation als Elemente einer weit umfassenderen gesellschaftlich-kulturellen Ordnung zu begreifen (Knoblauch 2006; zur Begriffsgeschichte Gumbrecht 2006).

Wie sieht der Zusammenhang aus? Die Diskursforschung sieht das so: Durch Sprache und andere Medien der Kommunikation ist bzw. wird vermittelt,

Medium Sprache

- was wir als Mitglieder einer Gesellschaft in einem historischen Kontext über Sachverhalte der Welt wissen, für wahr und richtig halten (wie wir zum Beispiel in der Gegenwart über „die Globalisierung" und deren Konsequenzen sprechen und denken),
- wie wir die Wirklichkeit (zum Beispiel ein politisches Ereignis) auf dieser Basis deuten, wahrnehmen und erleben,
- welche Identitäten wir uns selbst und anderen zuschreiben, individuell und als Gruppen (zum Beispiel die Eigenschaft, Gewinner oder Verlierer, Befürworter oder Gegner der Globalisierung zu sein),
- wie wir für andere verständlich handeln (zum Beispiel die Globalisierung loben oder kritisieren) können, wie wir die Handlungen

anderer verstehen und durch wechselseitige Sinnzuschreibungen eine situativ geteilte kommunikative Wirklichkeit (zum Beispiel eine Diskussionsveranstaltung) herstellen.

Das alles hat natürlich auch Auswirkungen auf die außerkommunikative Praxis und ihre materiellen Effekte (denken Sie z.B. an Massenentlassungen in einem Unternehmen). Eine so verstandene Text- und Diskurswissenschaft führt denjenigen, der sie betreibt, also nicht (nur) in die „Pyramiden des Geistes", sondern zugleich mitten hinein in die Gesellschaften und Kulturen der Gegenwart oder der Geschichte einschließlich gesellschaftlicher Strukturen und Machtverhältnisse

Diskurs und Realität (vgl. Kapitel 4). Dementsprechend lautet etwa der Titel einer bekannten Einführung in die so genannte „Kritische Diskursanalyse" von Norman Fairclough: „Analysing Discourse. Textual Analysis for Social Research." Die Textanalyse soll also in den Dienst der Sozialwissenschaften gestellt werden. Mit dieser Programmatik ist für die Textwissenschaften die Hoffnung verbunden, ihre sprachlichen Gegenstände gleichsam „von einer realistischeren Warte aus" zu erkennen, einen engeren Phänomen- und Wirklichkeitsbezug herzustellen (Gumbrecht 2006).

Halten wir fest: Historische Verhältnisse des Wissens und Handelns sind ebenso wie die Struktur einer Gesellschaft (Institutionen, Milieus, Schichten, Machtverhältnisse etc.) wesentlich durch Kommunikation – und damit durch *Texte* – vermittelt. Dabei ist nicht nur

Norm und Normalität an sprachliche Zeichenprozesse zu denken, sondern z.B. auch an Formate wie Graphiken, Wachstumskurven, Alterspyramiden, die Aufstellung einer Fußballmannschaft oder auch die Tabelle der Fußballbundesliga, die regeln, was in einer Gesellschaft als Normalität und Norm zu gelten hat (Link 2006, 409, unter Bezug auf Foucault).

1.2 Texte in der Kommunikationspraxis

Betrachtet man Texte als Vermittlungsinstanzen sozialen Wissens, kommt dem Begriff der Kommunikation bzw. des kommunikativen Handelns eine zentrale Bedeutung zu: Texte existieren nicht in einem luftleeren Raum, sondern sie sind eingebettet in eine kommunikative Konstellation:

kommunikative
Konstellation

- Der eine (der Textproduzent)
- teilt dem anderen (dem Textrezipienten)
- unter Verwendung von Medien (zum Beispiel Sprache)
- etwas mit über die Dinge (die Gegenstände und Sachverhalte in der Welt).

So beschreibt das Karl Bühler (1934) in seinem Organon-Modell, in Anlehnung an eine Sprachkonzeption bei Platon.

Dementsprechend sind Texte u.a. dadurch charakterisiert, dass sie auf die Intention eines Autors verweisen. Und sie können nur zustande kommen, wenn sie von einem Leser oder Hörer als Texte erkannt und behandelt werden (vgl. zu Intentionalität und Akzeptabilität als Kriterien für Texthaftigkeit Kapitel 2).

Betrachten wir dazu ein erstes Beispiel (vgl. Datum 1):

Datum 1: „Feuerwehrzufahrt"

Was heißt es, einen Text als „gefrorene" kommunikative Handlung zu verstehen? Wie erschließt man den Handlungsgehalt, der dem Text beigemessen werden kann?

Zieht man mit Max Weber einen Klassiker der Handlungstheorie zu Rate, auf den sich auch sozialwissenschaftlich interessierte Autoren der Gesprächs- und Textlinguistik beziehen (z.B. Auer 1999, 103-114, Holly 2001, 10ff.), wird deutlich: Charakteristisch für Handeln ist vor allem, dass man es „deutend verstehen" muss, um es „in seinem Ablauf und seinen Wirkungen" zu erklären (Weber 1921/ ⁵1980, 1). Handeln deutend zu verstehen aber heißt, nach dem subjektiven Sinn zu fragen, den der oder die Handelnden mit einem bestimmten Verhalten verbinden. Dabei ist für die Sprachwissenschaft vor allem das soziale (und hier besonders das symbolische) Handeln von Interesse, also „ein solches Handeln, welches seinem von dem oder den Handelnden gemeinten Sinn nach auf das Verhalten anderer bezogen wird und daran in seinem Ablauf orientiert ist" (Weber 1921/ ⁵1980, 1).

Handeln

subjektiver Sinn

Der Begriff des subjektiven Sinns hebt darauf ab, dass man Handeln nur verstehen kann, wenn man danach fragt, was es für diejenigen bedeutet, die als Ausführende oder Verstehende an dem Geschehen beteiligt sind. Handeln wird also zunächst in der Situation selbst durch diejenigen verstanden, die am aktuellen Geschehen mitwirken (z.B. die Produzenten der Schilder, die Leser der Schilder). Der wissenschaftliche Interpret kann die Handlungen im Nachhinein erklären, indem er den Sinn rekonstruiert, den die Beteiligten in der jeweiligen Situation ihrem eigenen Handeln bzw. dem Handeln anderer beigemessen haben. Es handelt sich bei der Handlungsanalyse also um eine besondere, sozialwissenschaftliche Spielart der Interpretation, die darauf zielt, auf der Basis empirischer Daten zur „primären Sinnschicht" vorzudringen (vgl. Bergmann 1993): Was ist für die Beteiligten in einem Kommunikationsprozess relevant? (Natürlich kommt, wie in allen hermeneutischen Rekonstruktionen, auch das Verständnis des Analysierenden unvermeidlich zum Tragen.)

Wer über den Sinn eines Textes spricht, muss ihn daher in seiner kommunikativen Konstellation, unter Bezug auf die daran beteiligten Akteure, betrachten. So ergibt sich etwa der Sinn der Äußerung „Feuerwehrzufahrt" in Datum 1 nicht allein aus der (objektiven) sprachlichen Struktur – der Bedeutung der lexikalischen Bestandteile und ihrer Kombination auf der Basis grammatischer Wortbildungsregeln.

Kontext

Situation

Vielmehr muss man auch danach fragen, wer einen solchen Text in welchem sozialen Kontext an wen richtet (in unserem Beispiel braucht man vor allem Wissen über die Institutionen Feuerwehr und Verkehrsbehörde), in welchem situativen (z.B. räumlichen) Umfeld er den sprachlichen Text positioniert und mit anderen Zeichen kombiniert (z.B. Schriftgestaltung, das grafische Grundelement des Rahmens, Farben), und welchen (subjektiven) Sinn er selbst oder der Leser unter diesen Umständen mit dem Text verbindet (vgl. Auer 1999, 105ff.; Hausendorf & Kesselheim 2008). Dabei kommt es (wie im vorliegenden Fall) oft vor, dass weite Teile des kommunikativen Sinns zwischen den Zeilen gelesen werden müssen: Offensichtlich rechnet der Autor des Textes damit, dass der Leser (bzw. Verkehrsteilnehmer) aus der offiziellen Deklaration, dass es sich bei diesem Weg (dem Weg, an dem das Schild materiell positioniert ist) um eine Feuerwehrzufahrt handelt, schon die richtigen Schlüsse und Konsequenzen ziehen kann und wird.

Grundlagen der
Interpretation

Um den subjektiven Sinn einer solchen Äußerung zu erschließen, sei es als Leser (z.B. des Schildes) im kommunikativen Alltag oder als wissenschaftlicher Interpret im Nachhinein, muss man freilich dem Autor des Textes nicht „in den Kopf schauen" (das können nämlich weder der Leser noch der Interpret). Eine wesentliche Basis der Interpretation bildet vielmehr – neben Sprache (Wörter, Grammatik) und Situation – das soziale Wissen über Handlungsgründe und -grundlagen. Außerdem geben Handelnde einander auch zu erkennen, welchen Sinn sie dem eigenen Verhalten und dem Verhalten des anderen zuschreiben. So verschiebt sich der Ort des subjektiven Sinns nach außen, von den Köpfen der Individuen auf die Ebene der Kommunikation (vgl. Hausendorf & Kesselheim 2008 und Auer 2001, 123, unter Bezug auf Alfred Schütz). In der sozialwissenschaftlichen Texthermeneutik geht es also weder um das psychische Innenleben des Autors oder Lesers (sozusagen die Perspektive der 1. Person) noch um eine Beschreibung von Texten, wie sie Wissenschaftler als Außenstehende vornehmen können (die Perspektive der 3. Person); vielmehr geht es um eine Rekonstruktion des Sinn, den ein Kommunikationspartner auf der Basis seines Wissens, seiner Wahrnehmungen und der Hinweise, die der Autor im Text gibt, erschließen kann (natürlich kann es in der Regel verschiedene Lesarten geben, beliebig sind diese aber keineswegs).

Perspektive der 2. Person

Nach Max Weber (1921/ ⁵1980) sind dabei vier Typen von Handlungen zu unterscheiden:

Handlungstypen

- zweckrationale Handlungen: Sie beruhen auf rationalen Kalkülen und damit auch auf sozial geteilten Vorstellungen über Ziele, Zwecke, Chancen, Risiken, Gelingen, Erfolg, Erfolgskontrollen, Kosten, Nutzen, Instrumenten, Mittel etc. (hier kommt die eingangs skizzierte Verwissenschaftlichung der Praxis zum Tragen): Wozu dieses Schild?
- wertrationale Handlungen: Sie gründen in moralischen oder ästhetischen Überzeugungen, also in einer sozial geteilten Gesinnung, Werte- oder Normenstruktur und auf ihr basierenden Erwartungen, Pflichten oder Geboten. Sie zielen auf die Erhaltung der Werte selbst, unabhängig vom Erfolg der konkreten Handlung: Auf welche Werte und Rechtsgrundlagen können sich Behörden berufen, die ein solches Schild aufstellen? Welchen ästhetischen Prinzipien folgt seine Gestaltung?
- affektuelle Handlungen: Sie beruhen auf Emotionen. Dabei ist zu bedenken, dass Emotionen nicht nur autonome körperliche Ereignisse darstellen. Vielmehr sind sie – als Elemente des sozialen Lebens – auch durch Medien der Emotionalisierung (zum Beispiel bestimmte sprachliche Ausdrücke oder Bilder) überformt, in kulturelle Zusammenhänge eingebettet. Dadurch greifen bei Emotionen das Verstehen des sprachlich-medialen Ausdrucks und das Erleben ineinander, was eine verstehende Rekonstruktion der Konstitution von Emotionen durch Texte sinnvoll erscheinen lässt. Auf welche Emotionen zielt beispielsweise die Farbgebung des Textrahmens auf diesem Schild?
- traditionale Handlungen: Sie gründen in Bräuchen, Gepflogenheiten, Ritualen, die kommunikativ tradiert und vom Individuum als habituelle Gewohnheiten internalisiert sind. Vermutlich müssen weder die Autoren noch die Leser über dieses Schild lange nachdenken, weil sie mit derartigen Texten aus ihrem kommunikativen Alltag vertraut sind („So wird das eben hier gemacht!"). Es spielt daher auch

keine Rolle, was ein individueller Textproduzent (z.B. ein Angestell-
ter einer Verkehrsbehörde) im Einzelnen intendiert hat, das Schild
folgt einem Muster und bezieht von daher seinen Sinn.

Aufgabe   3. Wie lässt sich der Text „Feuerwehrzufahrt" in Datum 1 unter Bezug
auf die vier Handlungstypen interpretieren? Paraphrasieren Sie
den jeweiligen Sinn mit eigenen Worten so explizit wie möglich.

Handlungen sind in der Kommunikationspraxis in unterschiedlicher
Weise miteinander verknüpft. Werner Holly (2001, 11f., 22ff.) unterscheidet in diesem Zusammenhang

und-dann-Relation
- eine Relation des Nacheinander in einer Kette von Handlungen
  („und dann"): So folgt in unserem Beispiel auf das offizielle Verbot,
  die Feuerwehrausfahrt durch Fahrzeuge zu blockieren, eine offensichtlich informelle Ausnahmegenehmigung („Nur Anlieferung
  Mediterraneo"). Indem der Text des „selbstgebastelten" Holzschil-
  des den des professionellen Metallschildes elliptisch voraussetzt,
  entsteht ein Gesamttext (mit – für Außenstehende – unklarem
  rechtlichen Status), in dem die Handlungen des Verbots und der
  Erlaubnis miteinander verkettet sind. (Wenn in einem Dialog
  Handlungen verschiedener Sprecher regelhaft aufeinander folgen,
  z.B. Frage und Antwort, spricht man nicht von einer Kette, sondern
  von einer Sequenz.)

wobei-Relation
- durch eine Relation des zeitlichen Nebeneinander („und zugleich",
  „wobei"): Oft kommt einer Äußerung zugleich in verschiedenen Dimensionen Sinn zu. So werden zum Beispiel durch den Ein-Wort-
  Text „Feuerwehrzufahrt" zugleich (1) ein Verbot ausgesprochen, (2)
  ein institutioneller Kontext hergestellt, (3) dem Leser und dem Autor
  (entsprechend der institutionellen Rollenkonstellation) Identitäten
  und Statuspositionen zugeschrieben (Bürger als Verkehrsteilnehmer, Verkehrsbehörde), (4) eine Beziehung gestaltet (in diesem Fall
  eine denkbar unpersönliche und distanzierte) (5) ein Thema in die
  Kommunikation eingeführt, (6) ein auch außersprachlicher Sachverhalt dargestellt und institutionell begründet (die Straße *wird* zur
  „Feuerwehrzufahrt"), (7) die Aufmerksamkeit des Lesers auf den
  sprachlichen Text in der Mitte des Schildes hin gelenkt.

indem-Relation
- durch eine Relation der handlungslogischen Einbettung („indem"):
  So wird beispielsweise die Aufmerksamkeit des Lesers auf den
  sprachlichen Text in der Mitte des Schildes gelenkt, indem geeignete grafische Grundelemente und typographische Gestaltungs-
  mittel genutzt werden, indem (1) durch ein Siebdruckverfahren in
  einer Signalfarbe an den Rändern des Schildes ein breiter Textrah-
  men aufgetragen wird und (2) der sprachliche Text mittig in diesem Rahmen platziert wird, und zwar in einer fett ausgezeichne-
  ten, serifenlosen Schrift in einer der Wahrnehmungssituation
  angemessenen Schriftgröße.

1.3 Die soziale Reichweite: „mikro" und „makro"

Am Schnittpunkt von Sprache und Kommunikation, Wissen und
Handeln, Identität und Gesellschaft – also auf dem Feld der soziokulturellen Ordnung – greifen die Gegenstände der Text- und Diskurslinguistik und diejenigen der Soziologie (soweit diese dem „kommunikativen Paradigma" in den Sozialwissenschaften verpflichtet ist)
aufs Engste ineinander. So handelt es sich bei den genannten Konzepten auch um Schlüsselbegriffe der Wissenssoziologie und anderer
Theorien, die davon ausgehen, dass die Beschäftigung mit zentralen
soziologischen Gegenständen wie Handeln, Interaktion oder Wissen
mit der Frage nach deren sprachlich-kommunikativer Verfasstheit
ansetzen muss: Ohne Zeichen und Kommunikationsprozesse kann
es keinen sozialen Sinn geben. So verstanden, geht es in der Wissenssoziologie nicht mehr nur darum, wie das Wissen einer Gesellschaft
auf deren Gruppen, Institutionen, Statuspositionen etc. verteilt ist.
Den Schlüssel zum Verständnis stellt vielmehr die Frage dar, welchen
symbolischen (z.B. sprachlichen, bildlichen etc.) Medien und kommunikativen Prozessen dieses Wissen seine Weitergabe und (jeweilige) Verbreitung – und unter Umständen seine historische Veränderung – verdankt (Knoblauch 2006). In der klassischen Soziologie
wurden derartige Fragen vor allem im Rahmen empirisch orientierter
Ansätze der interpretativen Sozialforschung untersucht, z.B. der in
Ethnomethodologie und anderen Richtungen der „mikrosoziologi-
schen" Tradition. Solche Ansätze waren und sind auch für die linguistische Interaktions-/Gesprächsanalyse und die handlungsorientier-
te Textforschung bedeutsam, insofern es darum geht, aus sprachlichen
Daten die oft unausgesprochen, kaum bewussten Wissensbestände
zu ermitteln, auf denen unsere Alltagspraxis beruht.

kommunikatives
Paradigma

Heute stehen Konzepte der Kommunikation darüber hinaus im
Zentrum der allgemeinen Sozialtheorie. Es geht also um nichts weniger als die Frage, was unsere soziale Welt in ihrem Inneren zusam-
menhält, worauf sie gründet. In diesem Zusammenhang rücken kommunikative Prozesse und Medien der Kommunikation in den
Mittelpunkt des Interesses, sei es in der Systemtheorie Niklas Luh-
manns, der Theorie des kommunikativen Handelns von Jürgen Habermas oder wissenssoziologischen Ansätzen, die an die Diskurstheorie Michel Foucaults anknüpfen. Besonders der Bezug auf Foucaults
Schriften hat in den letzten Jahren eine Schnittstelle für den Dialog
zwischen soziologischen und linguistischen Ansätzen in der Kommunikationsforschung begründet (vgl. die Beiträge in Keller u.a. 2001/
²2006). Anders als in typischen Arbeiten der Interaktions-/Gesprächs-
analyse soll hier auch die Beziehung der Texte zur sozialen „Makro-
bene" – also gesamtgesellschaftlichen Strukturen und historischen
Prozessen – in den Blick genommen werden (Knoblauch 2006).

Medien der
Kommunikation

Betrachten wir dazu ein weiteres Beispiel. Nicht immer ist die
Interpretation von Texten so naheliegend und unproblematisch wie

im Fall der Schilder. Oft kann man darüber streiten, wie weit man den Kontext zu fassen hat, der als mitgebrachtes Wissen der Beteiligten in die Interpretation der Handlungen eingeht bzw. wie man als wissenschaftlicher Interpret Evidenz dafür gewinnen kann, dass eine bestimmte Interpretation auch für die Beteiligten selbst Relevanz besaß. Untersuchungen zur Unternehmenskommunikation (vor allem im Dienstleistungssektor) haben in den letzten Jahren die Aufmerksamkeit auf einen auffälligen Stil gelenkt, den Fairclough (2003) als für die herkömmliche Geschäftskommunikation ungewohnten Plauderton („the apparent informal chattiness of much communication between employees [...] and customers") charakterisiert hat. Wie die folgende E-Mail-Korrespondenz eines Kunden mit seiner Bank (aus Habscheid 2003, 196ff.) zeigt, pflegen nicht nur manche Unternehmen, sondern auch manche Kunden diesen Stil:

Datum 2a: Überweisung (FIDI-Bank, E-Mail)

> Betreff: PIN meiner Karten
>
> Sehr geehrte Frau Müller,
> ich bedanke mich recht herzlich für die Freundlichkeit und Sozialkompetenz Ihrer Kollegen am Telefon. Wenn ich ein Problem habe, dann wird mir zeitnah geholfen und ich fühle mich bei Ihnen sehr gut aufgehoben.
>
> Manchmal ist bei mir der Wurm drin und ich verwechsle schon einmal eine Nummer, wir sind alle nur Menschen und das ist gut so. Ich habe auch jetzt bei dem ganzen Eingeben meiner PIN-Nummern die Zugehörigkeit der Karten zur PIN verwechselt. Die Karte mit der Kontonummer ist gesperrt und müsste noch einmal freigeschaltet werden [...].
>
> Ich hoffe, dass ich Ihnen jetzt nicht mehr die Nerven strapaziere und verbleibe
>
> mit ganz lieben Grüßen
> Peter Hansen

Zu der beschriebenen Stilwirkung tragen umgangssprachliche Formulierungen („manchmal ist bei mir der Wurm drin") und alltagssprachliche Sentenzen („wir sind alle nur Menschen und das ist gut so") ebenso bei wie Routineformeln, die den geschäftlichen Charakter der Situation zugunsten einer persönlicheren Beziehung in den Hintergrund treten lassen („ich hoffe, dass ich Ihnen jetzt nicht mehr die Nerven strapaziere", „mit ganz lieben Grüßen").

Einen ähnlichen Ton schlägt auch die Bank in ihrer Antwort an den Kunden an:

Datum 2b: Überweisung (FIDI-Bank, E-Mail)

> Guten Tag Herr Hansen,
>
> vielen Dank für Ihre liebe E-Mail.
>
> Ich habe mich umgehend mit unserer Fachabteilung in Verbindung gesetzt und die Freischaltung Ihrer ec-Karte veranlasst.
>
> Da die Freischaltung vom Provider erfolgt, moechte ich Sie bitten, bis morgen zu warten und eine kurze Rückfrage per E-Mail oder Telefon zu veranlassen. Damit Sie auch sicher gehen koennen, dass die ec-Karte freigeschaltet ist.
>
> Fuer Fragen, [!] bin ich gerne weiterhin per E-Mail fuer Sie da.
>
> Ich bedanke mich fuer Ihre Bemuehungen.
>
> Nochmals freundliche Gruesse,
> Ihre FIDI-Bank

Vom gewohnten Geschäftsstil („ich habe mich umgehend … in Verbindung gesetzt", „ich bedanke mich fuer Ihre Bemuehungen") heben sich hier vor allem die stilistisch mündliche Anrede („Guten Tag Herr Hansen") und die Nähe indizierende Routineformel ab, mit der die Verfasserin ihren Dank bekundet („vielen Dank für Ihre liebe E-Mail").

Wie sind die erwähnten Stilphänomene zu erklären, wenn man sie durch die Brille der Handlungstheorie betrachtet? – Versucht man auf dieser Basis eine verstehende Erklärung des beschriebenen Stils, sind zwei Erklärungsansätze denkbar:

(1) Zunächst liegt eine Interpretation nahe, die das Handeln der Beteiligten auf Muster der Beziehungskommunikation zurückführt, wie sie im alltäglichen, „kleinräumigen" Miteinander allgemein üblich sind. In dieser Perspektive wird das Handeln der Beteiligten aus dem Verlauf des interaktiven Geschehens selbst heraus motiviert (der größere historische Kontext ist für eine solche Erklärung irrelevant): Zwischenfälle, bei denen das Image eines der Beteiligten oder beider potenziell Schaden nimmt, werden vor dem Hintergrund geeigneter „Interaktionsrituale" für beide Seiten abgefedert (vgl. Goffman 1971, Holly 1979). So bearbeiten die Beteiligten im vorliegenden Fall nicht nur ein Sachproblem (Sperrung und Freischaltung der ec-Karte). Darüber hinaus entschuldigt sich der Kunde für die Unannehmlichkeiten, die der Bank durch seine Fehler entstanden sind („dass ich Ihnen jetzt nicht mehr die Nerven strapaziere"). Die Bank dankt im Blick auf die verzögerte Freischaltung für die Kooperativität des Kunden und bekundet höflich ihre Zugänglichkeit für dessen weitere Anliegen. In diesem Rahmen werten beide Seiten den Kommunikationspartner dadurch auf, dass sie durch den Stil ihrer Handlungen ein

interaktionale Erklärung

hohes Maß an persönlicher Sympathie, Anteilnahme und Verständnis zum Ausdruck bringen (und als Erwartung etablieren: „wir sind alle nur Menschen und das ist gut so").

Bleibt man in diesem Sinne auf der Ebene kleinräumiger Handlungen und Beziehungen, so erscheint dieser Geschäftsstil insofern als unproblematisch, als in der Interaktion selbst keine diesbezüglichen Irritationen zu beobachten sind. Vielmehr werden die Mitarbeiter der Bank den Image-Bedürfnissen des Kunden offenbar gerecht. Wie anders, so könnte man fragen, sollte auch ein kollektiver Akteur wie eine Bank Zwischenfälle in der Beziehung zu Klienten oder Kunden erfolgreich bearbeiten, wenn nicht auf der Basis des Handelns seiner Mitarbeiter, die (bis zu einem gewissen Grad) mit ihrer Person für die Organisation einstehen? Welche anderen Mittel als die zwischenmenschlichen Beziehungsrituale sollten für derartige Aufgaben verfügbar sein? Müsste nicht vielmehr ein Fehlen derartiger Elemente von den Beteiligten als kommunikativ unangemessener „Bürokratenstil" wahrgenommen werden?

(2) Ganz andere Konnotationen hat die Charakterisierung dieses Stils in Arbeiten aus dem Umfeld der Kritischen Diskursanalyse (vgl.

historische Erklärung Kapitel 4). Wenn, wie erwähnt, Fairclough (2003) im Blick auf Phänomene dieser Art von einem auffälligen Plauderton in der Geschäftskommunikation spricht, dann steht dahinter der Verdacht, dass wir es hier mit einer historisch spezifischen Kommodisierung (oder geschäftlichen Verzweckung) alltäglicher, privater Kommunikationsmuster zu tun haben. Diese in Anlehnung an Jürgen Habermas (1981/ ⁴1987) entwickelte Perspektive erfasst Fälle wie den vorliegenden als Beispiele für den rationalisierenden Zugriff von Organisationen auf Subjekte und zwischenmenschliche Beziehungen, als Versuch, die Persönlichkeit von Angestellten und Kunden über die traditionellen beruflichen Rollen hinaus an den Rationalitäten einer Organisation auszurichten. Evidenz für eine solche Interpretation bringen Management-Diskurse, die nicht nur – auf der Basis bürokratischer Regelungen und hierarchischer Anweisungen – das äußerliche Verhalten des Mitarbeiters (sozusagen den „Dienst nach Vorschrift") in den Blick nehmen. Vielmehr zielen sie darauf ab, „den ganzen Menschen" in seinem subjektiven Denken, Fühlen, Wollen und Handeln für die Organisation in die Pflicht nehmen. So gesehen, fügt sich die vorliegende Interaktion zwischen Frau Müller und Herrn Hansen in diesen Diskurs ein: Wer Kunden dauerhaft binden will, muss eine persönliche Beziehung und ein zwischenmenschliches Klima inszenieren, in dem sich der Kunde, wie Herr Hansen es ausdrückt, „gut aufgehoben" fühlt.

Vor diesem Hintergrund kann die Inszenierung von Ritualen als brisant erscheinen, und zwar insofern, als Rituale – im Unterschied etwa zu bürokratischen Verfahren – einen quasi alternativlosen Verlauf nehmen: Solange wir uns auf dem Boden der gemeinsamen rituellen Ordnung bewegen, können wir fast gar nicht anders, als den sequenziellen Erwartungen zu entsprechen. Insofern ist mit Ritualen auch da, wo sie aus ihren ursprünglichen lebensweltlichen Zusammenhängen herausgelöst sind, ein hohes Maß an Vorgeformtheit verbunden, und das kann man sich natürlich im Geschäftsleben zunutze machen (vgl. Habscheid 2008).

Derartige Erklärungen schlagen eine Brücke von der „Mikroebene" kleinräumiger Handlungen und Interaktionsereignisse im Alltag der jeweils Beteiligten zu gesamtgesellschaftlichen Diskursen, Strukturen und historischen Prozessen, also zur „Makroebene" der Gesellschaft. Will man die Vorzüge eines strikt rekonstruktionslogischen Ansatzes dabei nicht verspielen, kommt es darauf an zu zeigen, dass und wie nicht nur die verschiedenen Sinndimensionen der Alltagsinteraktion (Handlung, Beziehung, Themenentwicklung, Aufmerksamkeitssteuerung etc.), sondern auch die übergreifenden Diskurse durch Texte vermittelt werden. Anders ausdrückt: Lässt sich zeigen, dass die Beteiligten selbst ihre Kommunikation, sei es bewusst oder unbewusst, in diesem Diskurs positionieren?

1.3 Texte als Zeichen

Insofern menschliches Verhalten grundsätzlich mehrdeutig ist, bedarf es in der Kommunikation vielfältiger Orientierungen und Deutungshilfen (Soeffner 1986): Handelnde müssen zugleich Inszenierende ihrer Handlungen sein, sie müssen in ihren Texten – auf der Basis von Medien – vielfältige Hinweise geben, die es den Kommunikationspartnern (und späteren Interpreten) erlauben, den Sinn ihrer Handlungen zu erschließen (freilich spielen dabei, über das Lesbare hinaus auch mitgebrachtes Wissen und Wahrnehmungen in der Situation eine Rolle, vgl. Hausendorf & Kesselheim 2008).

Auch in der frühen Sprechakttheorie findet sich die Einsicht, dass kommunikative Handlungen nicht nur im Kontext vollzogen, sondern zugleich in Erscheinung gebracht werden müssen, um als solche wahrgenommen und verstanden werden zu können. Auch etymologisch stehen *performativity* (Vollzug) und *performance* (Aufführung) miteinander in Beziehung (vgl. Buss 2009, 12f., zu Austin 1962).

Vollzug und Aufführung

Mit anderen Worten: Kommunikative Handlungen müssen zugleich vollzogen und durch Zeichengebrauch aufgeführt werden – Gruber u.a. (2006) sprechen von einem „Realisierungsimperativ", der die sinnliche Rezipierbarkeit des produzierten Textes gewährleistet. Texte weisen daher neben ihrer sozialen Zweckgebundenheit auch strukturelle Merkmale auf, die den Mitteln und Formen geschuldet sind, die zu ihrer Realisierung genutzt werden (Sprache, statische oder bewegte Bilder etc.).

Realisierungsimperativ

Gibt es nun in Datum 2 Hinweise darauf, dass eine Interpretation, die den „auffälligen Plauderton" in der Geschäftskorrespondenz in den Kontext aktueller Management-Diskurse stellt, auch der Sichtweise der Beteiligten entspricht?

Den – seltenen – Glücksfall einer bemerkenswert expliziten Darstellung der Perspektive eines Beteiligten stellt in Datum 2a der Umstand dar, dass der Kunde den freundlichen Stil der Bank selbst charakterisiert (und bewertet). Besonders auffällig ist, dass er dabei auf eine dem geschäftlichen Vokabular entlehnte, fachliche Bezeichnung (*Sozialkompetenz*) zurückgreift:

> Ich bedanke mich recht herzlich für die Freundlichkeit und Sozialkompetenz Ihrer Kollegen am Telefon. Wenn ich ein Problem habe, dann wird mir zeitnah geholfen und ich fühle mich bei Ihnen sehr gut aufgehoben. (Datum 2a)

Damit macht der Kunde deutlich, dass das, wofür er sich bedankt und was er lobt, professionelle Fähigkeiten von Mitarbeitern („Kollegen" der Adressatin) sind.

Auch aus Sicht des Beteiligten handelt es sich also bei dem auffälligen Plauderton in der Geschäftskorrespondenz um eine Form von Rationalisierung (im Sinne einer kalkulierten und kontrollierten Gestaltung) von Kommunikation in Organisationen. Eine entsprechende Interpretation seitens der Diskursanalyse wird also durch solche empirischen Daten gestützt. Die Bewertung des Phänomens allerdings unterscheidet sich fundamental: Was aus der Sicht kritischer Wissenschaftler Anlass zu Gesellschafts- und Kulturkritik bietet (Stichwort: Kommodisierung), wird jedenfalls von diesem Kunden eigens gelobt.

1.4 Methodologie: Eine Theorie der Praxis

Versuchen wir zum Abschluss dieses Kapitels ein etwas abstrakteres methodologisches Fazit zu ziehen (vgl. Habscheid 2009).

(1) Eine sozialwissenschaftlich orientierte Textanalyse re-konstruiert die „vorwissenschaftlich-alltäglichen Konstruktionen", mit denen Beteiligte in der Kommunikation subjektiven Sinn und soziale Ordnung herstellen. Sie geht davon aus, dass die soziale Ordnung nicht unabhängig von Sprache und Kommunikation besteht, sondern über weite Strecken durch Kommunikationsvollzüge – also zeichenvermittelt – reproduziert und in der Zeit verändert wird (vgl. z.B. Bergmann 1993).

kommunikative Vollzugswirklichkeit

(2) Vor diesem Hintergrund stellen sprachwissenschaftliche Ansätze die Frage in den Mittelpunkt, welche Ressourcen und Verfahren des Verstehens es den Beteiligten erlauben, den Sinn von Texten als Handlungen zu erschließen (vgl. Kapitel 2). Derartige Erkenntnisse über die sprachlich-medialen Grundlagen der Kommunikation bilden eine unverzichtbare Grundlage, wenn es komplementär darum geht, einen spezifischen Textsinn zu rekonstruieren, den Kommuni-

Medien

zierende aus verstehbaren „Spuren" des medialen Handelns herstellen (können) (vgl. Krämer 2008, 261ff.).

(3) Aus dieser strikt empirischen, rekonstruktionslogischen For- **Rekonstruktionslogik**
schungshaltung ergibt sich ein Bruch gegenüber denjenigen sozialwissenschaftlichen Ansätzen, die versuchen, „das Repertoire der möglichen Gründe für die betrachteten Handlungen aus eigener theoretischer Machtvollkommenheit selbst zu bestimmen" (Akrich 2004, 245). Vielmehr muss es darum gehen, sich den Blick auf die Ordnungskategorien der Beteiligten nicht durch eine wissenschaftliche Theoriebildung im Vorhinein zu verstellen, z.b. durch inhaltlich vorbestimmte Kategoriensysteme für Handlungsklassen, Textfunktionen, Themen, Aussagensysteme, Diskurspositionen, Wissensrahmen, Stile, Register, Varietäten, Akteure, Gruppen, Institutionen, Handlungsbereiche, Fachgebiete, Domänen etc. (vgl. zum Beispiel das diskursanalytische Kategorienraster DIMEAN von Warnke & Spitzmüller 2008). Vielmehr kann zunächst „das allgemeinste, das banalste, ja sogar das vulgärste Repertoire" von Begriffen unverfänglicher sein als allzu ausgeklügelte Modellbildungen (Latour 2005/ 2007, 54).

Theorien über die Kommunikationsverhältnisse einer Gesellschaft (in einer bestimmten historischen Situation) stellen also nicht den Ausgangspunkt einer Untersuchung dar.

(4) Am Anfang (nachdem einige abstrakte Prinzipien der Vorgehensweise geklärt sind) steht die empirische Frage, wie die Interagierenden einander ihr Verständnis der Situation anzeigen und welches Verständnis das ist – wie unsystematisch und fragmentarisch, kontextgebunden und offen die Beschreibungsmittel und Kategorisierungen der Akteure zunächst auch erscheinen mögen. So folgt die Forscherin, der Forscher auf dem unsicheren Grund der Texte „den Wegen der Akteure und [...] den Spuren", die ihre Praxis der Bildung **Mikroebene: Bildung**
und Auflösung von Ordnungsstrukturen hinterlässt (Latour 2007, **und Auflösung von**
53): **Ordnungsstrukturen**

> Es ist, als würden wir zu den Akteuren sagen: „Wir wollen nicht versuchen, euch zu disziplinieren, euch in unsere Kategorien zu stecken; wir werden euch eure eigenen Welten entfalten lassen [...]." Die Aufgabe, das Soziale zu definieren und zu ordnen, sollte den Akteuren selbst überlassen bleiben und nicht vom Analytiker übernommen werden. [...] Die Suche nach Ordnung, Strenge und Struktur wird damit keineswegs aufgegeben. Sie wird nur einen Schritt weiter in die Abstraktion verlagert, so dass den Akteuren gestattet wird, ihren eigenen differenten Kosmos zu entfalten, ganz gleich wie kontraintuitiv sie dabei erscheinen mögen. (Latour 2005/ 2007: 44 f.)

Erst die weitere Arbeit erlaubt es dann, in ähnlicher Weise wiederkehrende und zugleich hoch flexible Verfahren der Ordnungsbildung zu rekonstruieren und so der Gesellschaft ein Wissen über sich selbst zur Verfügung zu stellen, in dem sich die Praxis auf einer abstrakteren Ebene (und *damit* in wissenschaftlicher Form) wiederfinden lässt (vgl. zu dieser Formulierung die Denkschrift Frühwald u. a. 1991 über die Rolle von „Geisteswissenschaften heute"). Wie praxistheoretische Ansätze in der Soziologie (Überblick: Hillebrandt 2009, 19-90) setzt eine derartige Textwissenschaft nicht auf der Ebene theoretisch-rationaler Modellbildungen an, sondern bei dem, was in der Perspektive der Beteiligten beim praktischen Umgang mit Texten tatsächlich geschieht.

Zur Vertiefung: Auer 1999; Knoblauch 2006.

2 Der Gegenstand: Was sind Texte, und woran kann man sie erkennen?

2.0 Am Anfang: Agenda und Impuls

Im Alltag fällt es uns zumeist nicht schwer, Texte zu erkennen und mit ihnen umzugehen. Die Wissenschaft gibt sich damit nicht zufrieden: Sie muss erklären, was Kommunizierende tun, wenn sie Texte als solche wahrnehmen, verstehen und anerkennen. So wird klar, was Texte sind (für die Kommunizierenden selbst und für eine praxistheoretische Textwissenschaft). Und so kann man dann auch erklären, aus welchen Gründen die Kommunikation manchmal gründlich schief geht.

In diesem Kapitel befassen wir uns mit Lerninhalte

- den Merkmalen, die einen Text ausmachen,
- den Arten von Hinweisen, die der Leser oder Hörer bei der Textkonstitution wahrnehmen und auswerten muss,
- der Rolle, die das mitgebrachte Vorwissen spielt.

Am Kassenschalter eines Zoos findet sich der folgende Aushang: Impuls

Datum 3: „Waschbären-Fütterung"

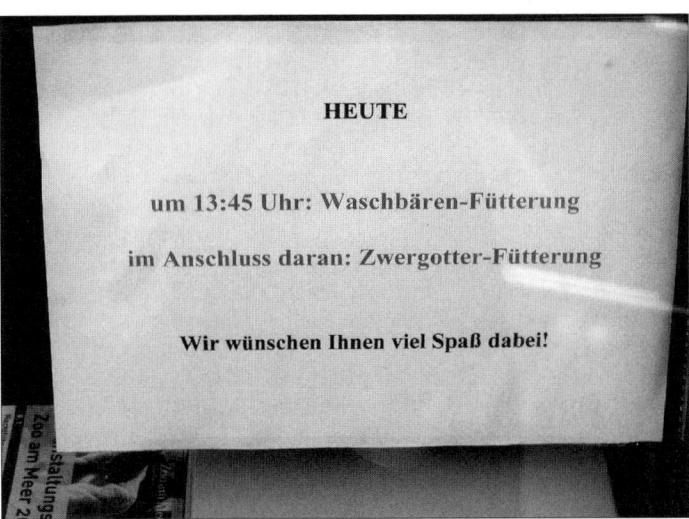

Handelt es sich dabei um einen Text? – Begründen Sie Ihre Ansicht.

2.1 Textualität

Text als Lektüreeinheit

Die Frage, was einen Text ausmacht, wie eine Textdefinition aussehen müsste, fällt für eine praxistheoretische Textwissenschaft mit der Frage zusammen, was aus der Perspektive der Kommunizierenden einen Text konstituiert, als eine „Lektüreeinheit, als ein lesbares Etwas" (Hausendorf & Kesselheim 2008, 12):

> Wovon hängt es ab, dass wir eine Ansammlung sprachlicher Erscheinungsformen als Text wahrnehmen? Welche Bedingungen müssen erfüllt sein, damit wir Sprachliches als Text betrachten? Und wofür genau steht in diesen Fragen der Ausdruck Text? (Hausendorf & Kesselheim 2008, 21)

Wer als Textwissenschaftler die Textkonstitution verstehend erklären möchte, muss also eine ziemlich ungewohnte Perspektive einnehmen. Er muss das, was im Alltag meistens ganz selbstverständlich funktioniert – auf der Basis unhinterfragter Wissensbestände, Überzeugungen und Routinen – als ein erklärungsbedürftiges Problem betrachten: Das vermeintliche Einfache, die sprachliche Kommunikation, erweist sich bei näherem Hinsehen als äußerst kompliziert. Eine solche Perspektive einzunehmen und durchzuhalten, macht eine besondere Schwierigkeit dieser Art von Wissenschaft aus (Studierende wissen ein Lied davon zu singen). Aber nur so kann ins Blickfeld kommen, was Kommunizierende tun, wenn sie Texte als solche erkennen, verstehen und anerkennen.

Hinweise und Textkonstitution

Wie wir in Kapitel 1 gesehen haben, verfügen Textproduzenten selbst über Verfahren und Mittel, mit denen sie ihr kommunikatives Handeln für andere verständlich machen. Wenn man so fragt, entdeckt man eine Fülle von Hinweisen, die der Leser oder Hörer bei der Textkonstitution wahrnehmen und auswerten muss (Hausendorf & Kesselheim 2008). Neben dem, was man an der Textoberfläche und in der Situation, in der Text erscheint, verstehen und wahrnehmen kann, spielt auch das mitgebrachte Vorwissen eine Rolle: Zum Beispiel ist zu fragen, anhand welcher Merkmale und Merkmalskombinationen Leser/ Hörer Texte auf der Basis ihrer Kommunikationserfahrungen als Exemplare einer Textsorte (z.B. – wie in Datum 3 – als eine Besucherinformation mit aktuellem Orts- und Zeitbezug) wiedererkennen und schon von daher ein gutes Stück weit verstehen.

Textualität: Merkmale und Kriterien

In diesem Abschnitt möchten wir zunächst erörtern, an welchen Merkmalen Texthaftigkeit (Textualität) in der Kommunikationspraxis festgemacht wird. Anders ausgedrückt, im Blick auf das Problem der Anerkennung als Text: Welche Kriterien legen Leser/ Hörer an, wenn sie entscheiden, ob sie etwas als einen Text behandeln (d.h., es zu lesen versuchen)? Die Frage nach den Kriterien für Textualität gehört zu den vieldiskutierten Grundproblemen der Textlinguistik. Sie begründet ja ihren Gegenstand – was ist eigentlich ein Text? – und bringt wesentliche Dimensionen ins Blickfeld, unter denen Texte analysiert werden können. Im nächsten Abschnitt wollen wir dann nach den Ressourcen fragen, die Kommunizierende zur Lösung des Problems, ob etwas als Text zu behandeln ist, heranziehen. Dazu gehören die Hinweise, die der Leser bei der Textkonstitution wahrnehmen und auswerten muss. Beide Fragen werden ausführlich bei Hausendorf & Kesselheim 2008 behandelt. Da sie zu den Grundfragen der Textlinguistik gehören, dürfen sie auch hier nicht fehlen. Wir wollen uns aber auf das Notwendigste beschränken und empfehlen zur Vertiefung das Buch von Hausendorf & Kesselheim und ein paar weitere Texte, auf die im Folgenden an geeigneter Stelle verwiesen wird.

Was also versteht man unter einem Text? Wer das Problem in der Textlinguistik behandelt, kommt nicht daran vorbei, sich mit der folgenden Textdefinition auseinanderzusetzen. Sie gilt als ein klassischer Ausgangs- und Bezugspunkt und wird viel zitiert (auch wenn sie bei näherer Betrachtung reichlich unklar und in Teilen zu Recht umstritten ist):

> Wir definieren einen Text als eine kommunikative Okkurrenz, die sieben Kriterien der Textualität erfüllt. Wenn irgendeines dieser Kriterien als nicht erfüllt betrachtet wird, so gilt der Text nicht als kommunikativ. (de Beaugrande & Dressler 1981, S.3).

Text als kommunikative Okkurrenz

Ein Merkmal von Texten – neben den sieben, die hier angekündigt werden – ist bereits in der Bestimmung des Oberbegriffs gesetzt: Texte sind „kommunikative Okkurrenzen", das heißt, sie kommen in kommunikativen Zusammenhängen vor (z.B. der Kommunikation eines Zoos mit seinen Besuchern). Davon war schon in Kapitel 1 die Rede: Wer über den Sinn eines Textes spricht und darüber, wie dieser Sinn zustande kommt, muss ihn in seiner kommunikativen Konstellation, unter Bezug auf die daran beteiligten Akteure, betrachten.

Damit sind zwei der sieben Kriterien der Textualität, die de Beaugrande und Dressler behandeln, sehr eng verknüpft, nämlich Intentionalität und Akzeptabilität. Auch davon war bereits die Rede: Texte sind dadurch charakterisiert, dass sie auf die Intention eines Autors verweisen. Und sie können nur zustande kommen, wenn sie von einem Leser oder Hörer als Texte behandelt werden, der dem Autor eine Intention und damit dem Text einen kommunikativen Sinn zuschreibt. So verstanden, ist Akzeptabilität kein Kriterium von Textualität (das wäre sie nur, wenn man den Textprozess von außen betrachtet), sondern grundlegend für eine rekonstruktionslogische Perspektive auf den Prozess der Textkonstitution: Akzeptabilität liegt immer dann vor, wenn (in der Perspektive des Lesers) die Kriterien für Textualität erfüllt sind.

Intentionalität

Akzeptabilität

De Beaugrande & Dressler interessieren sich in diesem Zusammenhang besonders für das, was in den Köpfen des Autors und des Lesers abläuft, also für kognitive Strukturen und Prozesse der Textverarbeitung. In einer praxistheoretischen Perspektive fragen wir.

dagegen vor allem nach sozialen und kulturell-medialen Voraussetzungen des Umgangs mit Texten. (An dieser Stelle sei noch einmal daran erinnert, dass man als Leser oder späterer Interpret einem Autor nicht in den Kopf schauen kann und muss, um seine Intention zu ermitteln. In der sozialwissenschaftlichen Texthermeneutik geht es weder um die subjektive Sicht des Autors noch um eine Beschreibung kognitiver Strukturen und Prozesse, wie sie Wissenschaftler als Außenstehende vornehmen können. Vielmehr geht es um eine Rekonstruktion des Sinns, den ein Kommunikationspartner erschließen kann. Dazu braucht er entsprechende Wissensvoraussetzungen.)

Die Betrachtung von Texten unter dem Gesichtspunkt ihrer Intentionalität ist für die jüngere, an Kommunikation interessierte Textlinguistik von besonders großem Interesse. So hat man zum Beispiel versucht, die wesentlichen, „textsortenkonstitutiven" Handlungen eines Textes von anderen Aufgaben zu unterscheiden, die in einem Text immer nebenbei bearbeitet werden (z.B. Muster der Textorganisation oder der Beziehungsgestaltung, vgl. Holly 2001, 22-32). In Bezug auf die wesentlichen Texthandlungen kann man Texte einteilen in Klassen, die zentrale Zwecke oder Funktionen unterscheiden.

Textfunktionen

So hat zum Beispiel Brinker (1985/ [6]2005) – in Anlehnung an Searles (1969) Klassifikation von Sprechakten – fünf abstrakte Textklassen nach ihrer Hauptfunktion unterschieden (vgl. auch die entsprechenden Artikel in Bussmann [3]2002):

- Informationstexte mit dem Zweck, Wissen über die Welt zu vermitteln (z.B. Zeitungsmeldung),
- Appelltexte mit dem Zweck der Meinungs- oder Verhaltensbeeinflussung: ein anderer soll dazu gebracht werden, etwas Bestimmtes zu denken oder zu fühlen, zu wollen oder zu tun (z.B. Werbeanzeige),
- Obligationstexte mit dem Zweck, dass sich der Autor selbst zu einer Handlung verpflichtet (z.B. Garantieerklärung),

Textklassen

- Kontakttexte mit dem primären Zweck, eine Beziehung zum Adressaten zu initiieren, zu pflegen oder zu gestalten, Emotionen und Einstellungen gegenüber dem Adressaten zum Ausdruck zu bringen (z.B. Glückwunschtelegramm),
- Deklarationstexte mit dem Zweck, die thematisierte Handlung zu vollziehen und so eine soziale Tatsache zu etablieren, typischerweise kraft eines Amtes und mittels verfestigter Formulierungsmittel (zum Beispiel Ernennungsurkunde).

Aufgabe

1. Bestimmen Sie vor diesem Hintergrund die Intentionen der sprachlichen Handlungen in Datum 3.
2. Welcher Textklasse lässt sich der Text aufgrund seiner Hauptfunktion zuordnen?

Zur Einbettung der Texte in eine kommunikative Konstellation gehört auch, dass der Autor dem Leser in der Regel etwas mitteilt über die Dinge, die Gegenstände und Sachverhalte in der Welt. Auch davon – der alten „Trias von Welt, Autor und Leser" – war schon die Rede: „dass ein Text von etwas handelt, das jemand mitteilt und das von einem anderen verstanden wird" (Hausendorf & Kesselheim 2008, 17; erinnern Sie sich auch an Bühlers Organon-Modell in Abschnitt 1.2). De Beaugrande und Dressler sprechen von der Informativiät eines Textes als einem weiteren Textualitätskriterium. Damit rücken sie vor allem einen Aspekt der Sachdimension von Texten ins Blickfeld, nämlich ihren Informationsgehalt: Ein Text knüpft durch sein Thema an vorhandenes Wissen über die Welt an (z.b. die öffentliche Fütterung von Tieren als eine Besucherattraktion im Zoo), und er bringt neues Wissen ins Spiel (welche Tiere werden heute in diesem Zoo zu welcher Uhrzeit gefüttert?).

Informativität

Sprache erscheint im Alltag des Sprechens und Hörens, Schreibens und Lesens, nie einfach nur als Sprache, sie tritt auf der Basis von und in Verbindung mit anderen Medien auf (Stimme oder Schrift, materielle Schriftträger, statische oder bewegte Bilder etc.). Außerdem erscheint sie in einer räumlichen, physischen Umgebung (z.B. im Fenster eines Kassenschalters im Zoo), und sie ist im Moment der Wahrnehmung zeitlich und personell eingebettet (das ist z.b. relevant für die Interpretation so genannter deiktischer Ausdrücke, wie *heute, wir* und *Ihnen* in Datum 3). Dementsprechend beruht das Verstehen sprachlicher Äußerungen nie nur auf Sprachlichkeit und Kontextwissen (z.B. der Vertrautheit mit der Institution Zoo), sondern immer auch auf verschiedenartigen Wahrnehmungen „in der Situation", auf einer Kenntnis des situativen Zusammenhangs:

Situationalität

- des Ortes, an dem das Schild platziert ist,
- der Zeit, zu der man es sehen kann,
- der am Kommunikationsprozess beteiligten Personen (z.B. die Besucher, die das Schild am Kassenschalter lesen, die Organisation des Zoos, in dem das Schild angebracht ist, als Autor).

Die Kenntnis dieser Umstände ist eine unverzichtbare Voraussetzung für das Verstehen (und damit für ein Gelingen der Handlung):

- In welcher Einrichtung findet die Fütterung statt?
- Auf welchen Tag bezieht sich der Ausdruck *heute*?
- Wer wird hier (mit *Ihnen*) angeredet?
- Wer bezieht sich (mit *wir*) auf sich selbst?

Die Möglichkeiten und Grenzen eines Diskurses hängen also auch von Rahmenbedingungen ab, die außerhalb des Textes liegen: z.B. von physischen Umgebungen, zeitlichen und personellen Umständen, der Materialität der Zeichen, den Modalitäten der Wahrnehmung, technisch-medialen Infrastrukturen etc. Solche Aspekte fassen de Beaugrande & Dressler (1981) als das Kriterium der Situationalität. Hausendorf & Kesselheim (2008) betrachten die Wahrnehmungen in der Situation nicht als ein Textualitätsmerkmal (oder -kriterium), sondern als eine Quelle, die vom Leser im Blick auf verschiedene Textualitätskriterien ausgewertet wird.

Kohärenz

Zwei weitere Kriterien der Textualität haben in der Textlinguistik besondere Aufmerksamkeit erfahren. Beim Kriterium der Kohärenz geht es um die Frage, inwieweit in inhaltlicher Hinsicht ein roter Faden besteht (z.B. handelt der Text in Datum 3 durchgängig von Tierfütterungen, die an einem bestimmten Tag für die Besucher eines Zoos veranstaltet werden).

Kohäsion

Unter dem Aspekt Kohäsion wird die Frage untersucht, wie die sprachlichen Ausdrücke in einem Text oberhalb der Satzebene miteinander verknüpft sind (z.B. verweist in dem letzten Satz in Datum 3, „Wir wünschen Ihnen viel Spaß dabei", der Ausdruck *dabei* auf die Nomina *Waschbären-Fütterung* und *Zwergotter-Fütterung* in den beiden vorherigen Sätzen zurück).

Der Umstand, dass im einen Fall (Kohärenz) Aspekte der Textbedeutung (Semantik) in den Mittelpunkt gestellt werden, im anderen Fall (Kohäsion) solche der Textgrammatik, ließ es naheliegend erscheinen, beide Aspekte von Texten als komplementär aufeinander bezogen zu denken: Kohäsion wäre dann die Signalisierung inhaltlicher Beziehungen an der Textoberfläche. Dadurch wird aber die Frage nach den Kriterien für Textualität mit der Frage nach den „Quellen" und „Hinweisen", anhand derer man als Leser die Erfüllung der Kriterien prüft, vermischt (vgl. zur systematischen Trennung Hausendorf & Kesselheim 2008). Außerdem kann man mit den beiden Autoren der Meinung sein, dass es sich hier um zwei verschiedenartige Merkmale von Texten handelt, die *jeweils* anhand von Hinweisen zu prüfen sind: Die Frage nach einer thematischen Zusammengehörigkeit ist also von der Frage nach der strukturellen Verknüpfbarkeit der sprachlichen Äußerungen zu unterscheiden.

Eine Anmerkung am Rande: Die Frage, wie die sprachlichen Ausdrücke in einem Text oberhalb der Satzebene (transphrastisch) miteinander verknüpft sind, kann es naheliegend erscheinen lassen, den Textbegriff auf sprachliche Einheiten zu begrenzen, die aus (mehreren) Sätzen bestehen, und manchmal sprechen wir im Alltag auch so. Wenn ein „lesbares Etwas" – z.B. das Schild „Feuerwehrzufahrt" (vgl. Datum 1) durch Intentionalität, Informativität etc. gekennzeichnet ist, aber nur aus einem Wort besteht, wäre es dann (trotz seiner grammatischen Struktur) kein Text. Das würde allerdings bedeuten, dem Kriterium der Kohäsion gegenüber den anderen einen Sonderstatus einzuräumen. Theoretisch konsistenter ist wohl ein Textbegriff, der hier keine künstlichen Grenzen zieht, sondern die Konstitution einer Lektüreeinheit in den Mittelpunkt stellt, wie auch immer sie im Einzelnen zustande kommt.

Das heißt auch, dass (anders als ursprünglich von de Beaugrande & Dressler gefordert) im Fall eines Textes

- nicht immer alle Kriterien der Textualität erfüllt sein müssen,
- und dass die einzelnen Kriterien in unterschiedlichem Maße, also mehr oder weniger erfüllt sein können.

Daraus ergibt sich für die Textlinguistik die

> Forderung nach einer Perspektive, die auf das jeweils Ganze eines lesbaren Etwas zielt, egal ob es sich dabei um ein Wort auf einem Schild oder sogar nur einen Buchstaben auf einem Schild („H"), einen Satz auf einem Zettel oder eine unüberschaubare Vielfalt von Sätzen in Abschnitten, Absätzen, Zeitungen oder Büchern handelt (Hausendorf & Kesselheim 2008, 16).

Eine solche Auffassung entspricht auch dem Stand der Kunst in der Textlinguistik, die sich heute um eine „realistischere" Perspektive auf Texte – Lektüreeinheiten – im Kommunikationsprozess bemüht. In diesem Sinne kann man, ausgehend vom prototypischen Text (z.B. einem Roman) auch weniger typische Exemplare (z.B. das Schild „Feuerwehrzufahrt") unter den Textbegriff fassen (vgl. Sandig 2000).

3. Was verstehen wir gemeinsprachlich unter einem *Text*? Recherchieren Sie in Wörterbüchern zur deutschen Standardsprache. **Aufgabe**

Kommen wir zur Frage nach den Kriterien bzw. Merkmalen von Textualität zurück. Viel diskutiert wurde der folgende Aspekt: Texte verweisen auf andere Texte gleichen Typs. So haben (erwachsene) Leser des Schildes in Datum 3 zumeist schon früher in ihrem Leben Texte dieser Art gelesen, sie kennen den institutionellen Zusammenhang, um den es typischerweise geht. (Deswegen müssen sie auch nicht klären, was der individuelle Autor des Schildes Ihnen persönlich sagen will; der Kommunikationsprozess ist „in der Erfahrung beider beteiligter Parteien hochgradig anonym und typisiert", vgl. Auer 1999, 121.) In den Umgang mit einem Text gehen unsere früheren Erfahrungen mit ähnlichen Texten ein. Indem wir in unserer Sozialisation ein breit gefächertes Wissen über Textsorten erwerben, von der Geburtstagskarte bis zur Seminararbeit, wachsen wir in eine gesellschaftlich-kulturelle Ordnung hinein. Auf dieser Grundlage können wir, oft routiniert, komplexe sprachliche Handlungen für andere verständlich vollziehen und Texte anderer als typische Lösungen kommunikativer Aufgaben verstehen. So erleichtern Textsorten die Kommunikation. Wir kommen in Kapitel 3 darauf zurück. Bei de Beaugrande & Dressler (1981) fallen diese Aspekte der Textkonstitution unter das Kriterium der Intertextualität, Hausendorf & Kesselheim (2008) sprechen mit anderen Textlinguisten (z.B. Holly 2001) von Musterhaftigkeit.

Intertextualität

Neben der Beziehung eines Textes zu anderen Texten des gleichen Typs kann man weitere Typen von Intertextualität unterscheiden (einen Überblick gibt Janich 2008):

Typen von Intertextualität

- die Referenz auf einen anderen Einzeltext, z.b. mein Bezug auf einen wissenschaftlichen Aufsatz („Janich 2008") im vorherigen Satz (referentielle Intertextualität, vgl. Fix 2000),
- die dialogische Bearbeitung anderer Texte (Hypertextualiät, vgl. Genette 1993), z.b. Parodie, Fortsetzung etc.,
- eine Beziehung zwischen mehreren Texten, die an einem Ort miteinander kombiniert sind. Von der Textsammlung, z.b. einer Zeitung, bei der die Texte einander nebengeordnet werden (Haase, Holly & Teichert 2006), zu unterscheiden ist der Fall, bei der *ein* thematisch und funktional zentraler Text durch Paratexte (Genette 1989) begleitet wird, wie zum Beispiel der Einführungstext dieses Buches durch Titelei, Register, Rückentext etc.,
- die konventionelle Beziehung zwischen Textsorte und Textsorte (Textsorten-Intertextualität, vgl. Klein 2000), z.b. zwischen dem Antrag an eine Behörde und einem darauf bezogenen Bescheid.

Solche Beziehungen werden teilweise ausdrücklich markiert (z.B. durch belegende Literaturangaben in wissenschaftlichen Texten oder durch Anführungszeichen vor und nach einem Zitat). Der Bezug kann dem Leser auch durch andere Mittel signalisiert werden (z.B. durch die Übernahme bestimmter sprachlicher Elemente – Wörter, Satzkonstruktionen etc. – in einer Anspielung).

Stimmen

Über die genannten Arten von Beziehungen hinaus werden Texte auch dadurch in einer Umwelt von Texten verortet, dass sie aus einem kulturellen „Stimmengewirr" schematisierte Formen des Sprechens und Meinens in Bezug auf einen Wissenskomplex bzw. Diskurs aufgreifen und so Beziehung herstellen, die weit über einen Einzeltext hinaus reichen: Sie verweisen auf etwas, das man an anderen Stellen schon einmal so oder ähnlich gehört oder gelesen hat (vgl. Hausendorf & Kesselheim 2008; Janich 2008, unter Bezug auf Klassiker der Kulturtheorie: Julia Kristeva, Michail Bachtin u.a.).

Halten wir fest: Die Textualitätskriterien, wie sie von de Beaugrande & Dressler (1981) vorgeschlagen wurden, sind im Verlauf der Fachentwicklung in verschiedener Hinsicht modifiziert und ergänzt, zum Teil auch im Rahmen der Texttheorie an anderer Stelle in der Systematik verortet worden (zu dieser Diskussion haben viele beigetragen, die wir hier nicht im Einzelnen erwähnen können).

Revision der Kriterien

Im Ergebnis schlagen Hausendorf & Kesselheim (2008) sechs Merkmale vor, unter denen Phänomene im Blick auf ihre Textualität beurteilt werden (von den Kommunizierenden selbst, im Rahmen einer praxistheoretisch orientierten Textwissenschaft):

- Begrenzbarkeit,
- intratextuelle Verknüpfbarkeit,

- thematische Zusammengehörigkeit,
- pragmatische Nützlichkeit,
- Musterhaftigkeit,
- intertextuelle Beziehbarkeit auf andere Texte.

Von den ursprünglichen Kriterien bei de Beaugrande & Dressler tauchen also bei Hausendorf & Kesselheim, in einer veränderten Systematik, wieder auf: Kohäsion (intratextuelle Verknüpfbarkeit), Kohärenz (thematische Zusammengehörigkeit) und Intertextualität (unterschieden nach texttypologischer Musterhaftigkeit und anderen Formen der intertextuellen Beziehbarkeit). Mit dem Kriterium der Intentionalität ist das Merkmal der pragmatischen Nützlichkeit verwandt. Die Begrenzbarkeit kommt als weiteres Kriterium hinzu (vgl. Tabelle 1).

de Beaugrande & Dressler	Hausendorf & Kesselheim	Kommentar
Intentionalität	pragmatische Nützlichkeit	
Akzeptabilität		Abstraktion; liegt immer dann vor, wenn andere Kriterien erfüllt sind (in der Perspektive des Lesers)
Informativität		Aspekt der pragmatischen Nützlichkeit, des Textes als kommunikativer Okkurrenz
Situationalität		kein Kriterium, sondern eine Quelle von Hinweisen (s. 2.2)
Intertextualität	texttypologische Musterhaftigkeit	
	andere Arten der intertextuellen Beziehbarkeit	
Kohäsion	Verknüpfbarkeit	nicht nur zu verstehen als grammatische Hinweise auf Kohärenz, sondern als ein eigenes Kriterium, anhand dessen Textualität geprüft wird
Kohärenz	thematische Zusammengehörigkeit	
	Begrenzbarkeit	

Tabelle 1: Kriterien der Textualität

2.2 Ressourcen der Text- und Bedeutungskonstitution

Von den Merkmalen (oder Kriterien) der Textualität ist die Frage zu unterscheiden, welche Arten von Hinweisen der Leser bei der Textkonstitution auswerten muss. Wie wir in Kapitel 1 gesehen hatten, müssen kommunikativ Handelnde ja zugleich Inszenierende ihrer Handlungen sein und systematisch Anzeigehandlungen hervorbringen, die es den Kommunikationspartnern (und späteren Interpreten) erlauben, den Sinn ihrer Handlungen zu erschließen. Über das Lesbare hinaus spielen bei der Textkonstitution Wahrnehmungen in der Situation und das mitgebrachte Wissen eine Rolle: Hausendorf und Quellen   Kesselheim (2008) unterscheiden als „Quellen", aus denen „Hinweise" geschöpft werden,

- die Wahrnehmbarkeit situativer Umstände,
- die Sprachlichkeit (Wörter, Grammatik), und
- das Welt- und Kommunikationswissen des Lesers im Sinne einer Vertrautheit mit dem Kontext.

Eher selten wird der Textcharakter als Ganzes angezeigt, z.B. durch die explizite Bezeichnung eines Textes als „Text"; häufiger müssen verschiedene Arten von Hinweisen im Blick auf verschiedene Merkmale ausgewertet werden, daraus kann sich insgesamt die KonHinweise   stitution eines Textes als Lektüreeinheit ergeben (Hausendorf & Kesselheim 2008, 23ff.):

- Abgrenzungs- und Gliederungshinweise,
- Verknüpfungshinweise,
- Themahinweise,
- Hinweise auf Textfunktionen,
- Hinweise auf Textsorten,
- Intertextualitätshinweise.

Vor dem Hintergrund der Kommunikationstheorie, wie sie in Kapitel 1 eingeführt wurde, erscheint es naheliegend, neben den Hinweisen auf Thema, Funktion und Aspekte der Textorganisation auch solche Hinweise einzubeziehen, die soziale Identitäten der Kommunikationspartner und ihre Beziehung zueinander betreffen. Wir kommen im Rahmen der diskursanalytischen Textforschung darauf zurück.

Auch hier gilt: Oft kommt einem Äußerungselement zugleich in verschiedenen Dimensionen Sinn zu; zum Beispiel ist in der Äußerung „Wir wünschen Ihnen viel Spaß dabei" der Ausdruck *dabei* zugleich Thema- und Verknüpfungshinweis.

Je weniger vertraut der Leser mit Kommunikationstyp, Textsorte und Verwendungskontext ist, desto mehr ist darauf angewiesen, dass er der Situation und dem sprachlichen Text Hinweise auf die verschiedenen Dimensionen der Textualität entnehmen kann, Hinweise dieser Art sind in solchen Fällen also Faktoren der Verständlichkeit:

In dem Maße, in dem die aufgeführten Hinweise fehlen oder außer
Kraft gesetzt werden, kann Textualität in bestimmten Merkmalen problematisch werden, nicht nur für Textlinguisten, sondern auch für All-
tagsleser und -leserinnen. (Hausendorf & Kesselheim 2008, 24)

4. Analysieren Sie Datum 3:   **Aufgabe**
   a) Welche Textualiätshinweise können Sie den Textualitätsquellen
   Wahrnehmbarkeit situativer Umstände, Sprachlichkeit (Wörter,
   Grammatik), und Vertrautheit mit dem Kontext entnehmen?
   b) Welche Textualitätsmerkmale werden damit jeweils erfüllt?

Noch bevor man den sprachlichen Text im Einzelnen gelesen hat,
kann man aus der Wahrnehmung der situativen Umstände Hinwei-   Wahrnehmung
se auf seinen Textualitätscharakter gewinnen: Zum Beispiel in Datum 3 aus der Wahrnehmung des Schriftträgers Hinweise auf die
Begrenzbarkeit der Lektüreeinheit.

Zudem haben wir es bei Texten nicht mit „amorphen, formlosen
Ketten" von Zeichen zu tun (Holly 2001, 28): Vielmehr gibt wie in
Datum 3 oft die äußere, typographische Schriftform Hinweise auf eine
Gegliederheit und Gewichtetheit und steuert so den Lektürerhythmus
und die Aufmerksamkeit des Lesers (hier z.B. durch Absätze, Schrift-
farben oder die durchgängige Großschreibung des ersten Wortes).

Die sprachliche Struktur des Textes gibt weitere Hinweise auf As-   Sprache
pekte seiner Texthaftigkeit. Dass die Wortzeichen auf der Ebene von
Sätzen und darüber hinaus miteinander verknüpfbar sind (Kohäsion), kann man an verschiedenen textgrammatischen Phänomenen
erkennen (vgl. Hausendorf & Kesselheim 2008, 59-90):

- Strukturen der Wiederholung (Rekurrenz), u.a.
  - Wiederholung (partiell) gleicher Wörter: *Waschbären-Fütterung*
    –Zwergotter-Fütterung,
  - Wiederholung gleicher syntaktischer Strukturen, hier:
    die parallel gebauten Wortbildungskonstruktionen *Waschbären-*
    Fütterung und *Zwergotter-Fütterung* und
    die parallel konstruierten (elliptischen) Satzkonstruktionen:
    Um 13:45 Uhr (findet die) Waschbären-Fütterung (statt)
    Im Anschluss daran (findet die) Zwergotter-Fütterung (statt),
  - Wiederholung des Doppelpunktes als Interpunktionszeichen an
    der gleichen syntaktischen Position:
    Um 13:45 Uhr: Waschbären-Fütterung
    Im Anschluss daran: Zwergotter-Fütterung.

- Verkettung durch Vor- und Rückverweise im Text, u.a.
  - in unserem Text das Pronominaladverb *dabei*, das auf die Nomi-
    na *Waschbären-Fütterung* und *Zwergotter-Fütterung* in den beiden
    vorherigen Sätzen phorisch zurückverweist,
  - typischerweise auch phorisch verwendete Pronomina, die auf
    einen Ausdruck im Text zurück- oder vorverweisen, der sich auf
    das gleiche Referenzobjekt bezieht: *der Waschbär – er,*

- phorische Adverbien: *der Zoo – hier,*
- der Gebrauch unbestimmter und bestimmter Artikelformen: *ein Waschbär – der Waschbär.*

• Relationshinweise durch Konjunktionen und andere Mittel der Konnektion, hier zum Beispiel *im Anschluss daran* als Hinweis auf eine temporale semantische Relation.

Die sprachlichen Wiederholungs- und Verkettungsstrukturen zeigen nicht nur die Verknüpfbarkeit der Zeichen an. Ihnen kann man auch entnehmen, dass im Text ein übergeordnetes Thema fortgeführt wird, indem später im Text wieder auf die gleichen Referenzobjekte Bezug genommen wird (vgl. Hausendorf & Kesselheim 2008, 115ff.). Es handelt sich bei derartigen Strukturen der „Wiederaufnahme" (Brinker 1985/ [6]2005) also zugleich um Hinweise auf das Textualitätsmerkmal der thematischen Zusammengehörigkeit (Kohärenz).

Neben der Textgrammatik gibt auch der Wortschatz eines Textes Hinweise auf die thematische Kohärenz: So stehen zum Beispiel in Datum 3 die Wörter *Waschbär* und *Zwergotter* in einer semantischen Relation (Ko-Hyponyme, also gemeinsame Unterbegriffe, zum Hyperonym/ Oberbegriff *Säugetier*), sie zeigen neben der Zusammengehörigkeit auch eine Themenentwicklung an. Dabei steht in den einzelnen Äußerungen eines (deutschsprachigen) Textes oft eine bereits thematisierte Information am Anfang (als Thema), eine noch nicht thematisierte Information – und damit der unter Informationsgesichtspunkten relevante Teil der Äußerung (Rhema) – am Ende (Thema-Rhema-Gliederung, vgl. Holly 2001, 29).

Über konventionelle Bedeutungsbeziehungen (*Waschbär – Zwergotter*) hinaus kehren in Texten semantisch benachbarte bzw. mit bestimmten Verwendungskontexten assoziierte Wörter wieder (z.B. die Bezeichnung einer für Zoos typischen Handlung – *Fütterung* – und Bezeichnungen typischer Zoo-Tiere). Allerdings bewegen wir uns hier an der Grenze zwischen sprachlichen und wissensabhängigen Textualitätshinweisen.

Zu den sprachlichen Themahinweisen gehören neben solchen der Themenbeibehaltung und der Themenentwicklung auch solche der Themeneinführung (z.B. Überschriften) und des Themenabschlusses (z.B. – wie in Datum 3 – eine für Dienstleistungsinteraktionen typische Beendigungsformel: *Wir wünschen Ihnen viel Spaß dabei*).

Die Sprachlichkeit eines Textes lässt sich auch auswerten im Blick Textfunktionen (pragmatische Nützlichkeit) bzw. Handlungsgehalt (Intentionalität). So wird mit der Routineformel *Wir wünschen Ihnen viel Spaß dabei* nicht nur eine sprachliche Handlung (Illokution) ausgeführt, sie wird zugleich auch explizit ausgestellt, nämlich durch den „performativen Gebrauch" eines handlungsbezeichnenden Ausdrucks (*jemandem viel Spaß wünschen*) in der 1. Person Präsens Indikativ (vgl. Holly 2001, 18f., auch zu weiteren Formen des Illokutionsausdrucks). Zudem verweist, wie eben schon erwähnt, der Ausdruck auf Dienstleistungsinteraktionen als seine typischen Verwendungskontexte.

Damit sind wir bei der dritten Quelle von Textualitätshinweisen, dem mitgebrachten Wissen und den Kommunikationserfahrungen der Beteiligten. Die Ausdrücke eines Textes rufen über ihre Bedeutung hinaus auch komplexe Wissenshintergründe auf, die impliziert sind und nicht im Einzelnen thematisiert werden müssen (mitunter ist in diesem Zusammenhang von der „Textwelt" die Rede: dem durch einen Text aktualisierten und spezifisch angereicherten Wissenshintergrund, vgl. de Beaugrande & Dressler 1981). Zum Beispiel trägt in Datum 3 das Wissen des Lesers über die Institution Zoo und die dort üblichen Tierfütterungen zur Kohärenz des Textes bei. Auch der Handlungsgehalt des Textes – eine Mitteilung an die Besucher mit aktuellem Orts- und Zeitbezug – wird verständlich, ohne dass er eigens thematisiert wird (vom Wunsch im letzten Satz abgesehen): durch den Umstand nämlich, dass die Ausdrücke auch indirekt auf typische Verwendungszusammenhänge verweisen und so als „Kontextualisierungshinweise" auf eine Kommunikation dieses Typs verstanden werden können (Auer 1999, 164-174).

An dieser Stelle muss ein methodisches Warnschild aufgestellt werden: Bei der Berücksichtigung der wissensabhängigen Textualitätsressourcen geht es nicht um das Herantragen von Kontextwissen, das den Beteiligten selbst fehlt (damit würde man ja den praxistheoretischen Rahmen verlassen). Im Gegenteil: Es geht darum, das in Rechnung zu stellen, was bereits die Autoren eines Textes als mitgebrachtes Wissen und Rezeptionsbedingung unterstellen und daher nicht eigens thematisieren (Hinnenkamp 1998, 72). Wohl aber verweisen sie – implikativ oder indirekt – darauf, und hier kann eine Rekonstruktion von Wissenshintergründen ansetzen, die nah am Text bleibt.

Soweit der spätere Interpret der untersuchten Kultur nicht selbst angehört und daher das Wissen, das die Beteiligten voraussetzen, nicht ebenfalls mitbringt, muss er dieses Wissen durch Teilnahme und Teilhabe an der untersuchten Kultur und einer darauf basierenden Beschreibung (Ethnographie) erwerben. Dazu kann auch die Lektüre weiterer Texte gehören, in denen relevantes Wissen dargestellt ist. Allerdings muss man damit rechnen, dass die Wissensbestände des Autors und des Lesers, des einen Lesers und des anderen Lesers – durch ihre Partizipation an partiell verschiedenen Kommunikationskulturen – nie ganz zur Deckung kommen, so dass mit unterschiedlichen Lesarten eines Textes zu rechnen ist. Dieses Problem stellt sich besonders im Blick auf massenmediale Zeichenprozesse, in denen ein symbolisches Angebot (z.B. ein Presseartikel oder eine Fernsehsendung) durch verschiedene Rezipienten und Rezeptionsgemeinschaften ganz unterschiedlich verstanden wird.

Wissen

Ethnographie   Ethnographisches Wissen kann methodisch in verschiedener Hinsicht zum Tragen kommen, Deppermann (2000) nennt (für die Gesprächsanalyse) als „Einsatzstellen" u.a. die

- Sensibilisierung auf Phänomene als „Fälle von ...",
- Schließung von Interpretationslücken: Wer macht die Äußerung? Worauf nimmt er Bezug? Etc.
- Bestimmung des Geltungsbereichs von Analysen, hier: Gilt die Feststellung über eine Texteigenschaft nur für dieses Exemplar, oder haben wir es mit einer Erscheinungsform zu tun, die aus Sicht der Beteiligten typisch für eine Gruppe von Texten oder gar für alle Texte in dieser Kommunikationsgemeinschaft ist?
- Entscheidung zwischen mehreren Interpretationen, sofern diese nicht nebeneinander relevant sind,
- Vermeidung von Fehlinterpretation,
- Vertiefung von Interpretationen,
- Validierung von Interpretationen.

Dabei dürfen jedoch die Vorteile einer datengeleiteten Erlangung von Erkenntnissen nicht verspielt werden: Die offene, rekonstruktive, auf „Entdeckungen" zielende Analyse der authentischen Interaktionsereignisse (und nicht das anderweitig gewonnene Wissen über das Feld) bleibt Ausgangs- und Bezugspunkt der Aussagen.

2.3 Text und Wissen

Wie wir gesehen haben, rufen die Ausdrücke eines Textes komplexe Wissenshintergründe auf: Wissen über größere Zusammenhänge, in denen die im Text dargestellten Sachverhalte stehen (z.B. die Institution Zoo) und Wissen über kommunikative Handlungsspiele, in denen die im Text verwendeten Mittel und Formen typischerweise auftreten (z.B. Mitteilungen an die Zoo-Besucher mit aktuellem Orts- und Zeitbezug). Nur, wenn man annimmt (und anhand von Hinweisen im Text aufzeigt, vgl. den vorherigen Abschnitt), dass auch solche Wissenshintergründe herangezogen werden müssen, kann man erklären, wie ein Text im Kommunikationsprozess zustande kommt (wie zum Beispiel Kohärenz hergestellt und Intentionalität konstruiert werden kann). Umgekehrt werden die sozial geteilten Wissensstrukturen durch Kommunikation ausgebildet und verändert (vgl. Ziem 2009).

          Vor diesem Hintergrund kann man sich auch die Frage stellen, welche kognitiven Prinzipien und Strukturen solchen Erkenntnisprozessen zugrunde liegen, wie solche Prozesse also auf der Ebene der kognitive Strukturen   menschlichen Kognition allgemein ablaufen. Kognitionswissen-
und Prozesse   schaftler gehen davon aus, dass es ähnliche Voraussetzungen sind wie diejenigen, die gegeben sein müssen, damit man einen Gegen-

stand oder Sachverhalt wahrnehmen oder ein gedankliches Konstrukt über einen Gegenstand oder Sachverhalt entwickeln kann: Ob wir zum Beispiel etwas über einen Zoo lesen, einen Zoo (auf einem Bild, in natura) als einen solchen erkennen oder darüber nachdenken, wie man einen Zoo anlegen könnte – wir greifen demnach stets auf ein Wissen über den Zoo (als eine Institution, als eine Art von Gelände etc.) zurück, das in einer bestimmten Weise organisiert ist.

Aus einer praxistheoretischen Sicht, wie sie in Kapitel 1 entwickelt wurde, ist dieses Wissen weniger in den Köpfen der Beteiligten zu suchen als in den Diskursen, an denen Autoren und Leser als Mitglieder einer Kommunikationsgemeinschaft bzw. Kultur partizipieren: Woher sonst könnte ein Autor wissen (oder vermuten), welches Wissen über den Zoo er bei seinen Lesern voraussetzen und durch welche sprachlichen Mittel er dieses Wissen ins Spiel bringen kann? Und woher sonst sollte der Leser das sozial geteilte Wissen über den Zoo bezogen haben, das er zum Verständnis des Textes benötigt? *Wissen aus dem Diskurs*

Andererseits können die in der Kognitionswissenschaft, z.B. der Kognitiven Linguistik und der Konstruktionsgrammatik (Überblick: Ziem 2009), entwickelten Modelle über die Struktur des menschlichen Wissens auch für eine praxistheoretische Textwissenschaft unter Umständen nützlich sein, und zwar in zweierlei Hinsicht:

- erstens, wenn es darum geht, die Rolle des Wissens im Prozess der Textkonstitution, z.B. bei der Herstellung von Kohärenz, nachvollziehbar zu rekonstruieren und
- zweitens, wenn man, als eine Voraussetzung für diese Rekonstruktion, kulturelles Wissen aus Texten systematisch gewinnen und geordnet darstellen will (z.B. aus einem Korpus von Texten über das Thema Zoo das Wissen, über das unsere Kultur im Blick auf diesen Sachzusammenhang verfügt).

Durch die Berücksichtigung der kognitionswissenschaftlichen Modelle (!) sollen die Textanalysen „psychologisch realistischer" werden (Ziem 2009). Man muss aber aufpassen, dass die subtile hermeneutische Arbeit am Text nicht durch vorgängige Schematisierungen eingeengt bzw. über die Köpfe der Beteiligten hinweg kanalisiert wird. Mit anderen Worten dürfen die Vorzüge einer textnahen Rekonstruktion nicht wieder verspielt werden.

Eine von verschiedenen Ansätzen der Kognitionsforschung geteilte Annahme ist, dass im menschlichen Langzeitgedächtnis (LZG) Wissenseinheiten in komplexen Zusammenhängen (Schemata) abgespeichert sind. Solche Schemata repräsentieren Realitätsbereiche und ihre Aspekte in einem größeren kohärenten Zusammenhang (vgl. Schwarz 1992, 84f.). Dieses Wissen bildet die Grundlage für Prozesse der Kategorisierung, sei es einer wahrgenommenen Instanz unter einen Begriff, sei es eines Begriffs unter einen anderen (Ziem 2009). *Schemata*

Typen von Schemata

Die Schema-Konzeption geht zurück auf Bartlett (1932) und wurde von KI-Forschern und Kognitionswissenschaftlern aufgegriffen und weiterentwickelt. Analytisch kann man verschiedene Typen von Schemata unterscheiden, die in der Wissensverarbeitung allerdings ineinander greifen (Überblick: Ziem 2009, 185ff.):

- Bildschemata („image schemas"), wurzeln in Alltagserfahrungen, die auf Körperlichkeit und sensorische Wahrnehmungen in physischen Umwelten verweisen (Lakoff & Johnson 1980), z.b. das Schema der Bewegung von einem Start- zu einem Zielort,
- Wissensrahmen („frames", vgl. Fillmore 1975) bzw. Wissensdomänen (Langacker 1987) umfassen konventionell tradierte, relativ stabile Wissensstrukturen, z.b. das kulturell geteilte Wissen über die soziale Einrichtung Zoo,
- mentale Räume („mental spaces") sind dynamisch und entstehen in situativ und kontextuell eingebetteten Versehensprozessen (Fauconnier 1985), z.b. der Lektüre eines Textes über den „Zoo am Meer" in Bremerhaven. Dabei werden auch koventionelle Bedeutungen sprachlicher Zeichen (z.b. des Wortes *Zoo* im Deutschen) im Sinne einer aktuellen Gebrauchsbedeutung spezifiziert.

Alexander Ziem gibt dafür ein anderes alltagsnahes Beispiel:

> So gehört beispielsweise zur semantischen Einheit [TISCH] konventionelles (und mithin schon typisiertes) Wissen über die Größe, das Material, den Verwendungszweck, das Vorkommen usw., nicht aber genaue Angaben zu seiner Größe, materiellen Beschaffenheit, Farbe usw. Solche Wissensspezifikationen sind variabel und abhängig vom individuellen Gebrauchszusammenhang des Wortes *Tisch*. Im gleichen Maße ist ebenso der Grad an kognitiver Salienz einzelner Wissensspezifikationen vom Gebrauchszusammenhang abhängig. Bittet beispielsweise eine Person x eine Person y, das Glas auf den Tisch zu stellen, ist für die Gebrauchsbedeutung des verwendeten Wortes Tisch die Funktion eines Tisches und die horizontale Lage der Tischplatte ungleich salienter [hervorstechender, St.H.] als etwa die materielle Beschaffenheit. (Ziem 2009, 178f.)

In der Textlinguistik besonders einflussreich war die Frame-Idee, die Marvin Minsky (1975) in praktischer Absicht, ohne große theoretische Ambitionen entwickelt hat (Klein 1999, 159, zum Folgenden auch Schwarz 1992). Die Eckpunkte lassen sich so zusammenfassen (vgl. Habscheid 2003, 58ff.):

Frames

- Frames sind komplexe Konzepte, die nach bestimmten Inhaltsdimensionen intern strukturiert sind.
- Diese Inhaltsdimensionen stellen Konzeptvariablen (*slots*) dar, die in Verstehensprozessen mit konkreten Werten (*fillers*) besetzt werden können. So verfügt z.b. der Wissensrahmen [TISCH] über die Konzeptvariablen [HÖHE], [BREITE], [LÄNGE], [MATERIAL], [BESTANDTEILE], [VERWENDUNGSZWECK] etc. Bei der Rezeption

eines Textes (bzw. der Wahrnehmung oder Konzeptualisierung einer Situation) können diese Variablen dann situations- und kontextspezifisch gefüllt werden.

- Konzeptvariablen sind mit Standard-/ Default-Werten besetzt, die beigesteuert werden, wenn Slots in einem Text/ einer Situation (noch) nicht besetzt sind (z.B. [HOLZ] als typisches Material, aus dem ein [TISCH] gemacht ist). Die Frames sind jedoch variabel und flexibel, so dass auch Informationen verarbeitet werden können, die vom Normalfall oder Stereotyp abweichen (z.B. wenn der [TISCH] aus [PLEXIGLAS] oder [LEGOSTEINEN] gemacht ist).
- Da die Begriffe für Slots und Filler ihrerseits intern strukturiert sind, stellen sie Anknüpfungspunkte – Kategorisierungslinks (Ziem 2009) – für weitere Frames dar (vgl. Minsky 1990, 131ff.; Klein 1999, 170). Dadurch ergeben sich komplexe Wissensnetze.

Komplexe Rahmen repräsentieren Standardsituationen und sind hierarchisch aufgebaut, z.B. als szenische, zeitliche und kausale Abfolge von Ereignissen und Handlungen, die Rollen, Requisiten usw. beinhalten. Neben einem geteilten Wissen über statische Objekte sind also bei den Angehörigen einer Kultur auch zeitlich strukturierte Handlungsabfolgen (mit gewissen individuellen Unterschieden) stereotyp repräsentiert (vgl. Anderson [6]2007, 192f.). Anknüpfend an Schank & Abelson (1977) werden derartige Wissensrepräsentationen häufig als Skripts bezeichnet und nach einem Strukturmuster beschrieben, das eine komplexe Handlungsabfolge (z.B. Restaurantbesuch) in einzelne Szenen (wie Bestellen, Essen etc.) und diese wiederum in einzelne Handlungsschritte der Beteiligten (z.B. Gast ruft Bedienung, Bedienung kommt zum Tisch) zerlegt. Zum intuitiven Skript Zoo-Besuch (in einer Kleingruppe, Familie etc.) gehören beispielsweise (ohne Anspruch auf Vollständigkeit und ohne Berücksichtigung kultureller Variation)

Skripts

Szene 1: Eintreffen
    Besucher betreten den Zoo
    Besucher begeben sich zum Kassenschalter
    Mitglied der Besuchergruppe gibt Eintrittskartenbestellung auf
    Zoomitarbeiter händigt Karten und Lagepläne aus
    Mitglied der Besuchergruppe zahlt Eintrittskarten
    Mitglied der Besuchergruppe verteilt Karten und Lagepläne

Szene 2: Die Zoobesichtigung planen
    Besucher lesen aktuelle Aushänge, Informationstafeln etc.
    Besucher studieren Lagepläne
    Besucher planen den Ablauf der Besichtigung
    Besucher orientieren sich anhand der Beschilderung

Szene 2: Die Tiere besichtigen
    Besucher machen sich auf den Weg
    Besucher begeben sich zu einem Käfig/ Gehege etc.
    Besucher lesen die dort angebrachten Informationstexte
    Besucher halten nach den Tieren Ausschau
    Besucher orientieren sich wechselseitig über ihre Wahrneh-
    mungen
    Besucher beobachten die Tiere
    Besucher kommentieren ihre Wahrnehmungen
    Besucher verständigen sich über den Aufbruch
    Besucher begeben sich zu einem Käfig/ Gehege etc.
    ...

Szene 3: An einer Fütterung teilnehmen
    ...

Szene 4: Einen Imbiss zu sich nehmen
    ...

Szene 5: Den Andenkenladen besuchen
    ...

Szene 6: Den Zoo verlassen

Skripts kommen zum Tragen, wenn wir im Rahmen unseres Handelns Ziele bilden und unser Vorgehen, individuell oder gemeinsam
mit anderen, planen. Darüber hinaus steuern sie die Erwartungen in
der Interaktion und die Bearbeitung von Abweichungen demgegen-
über, was sozial erwartet wird. Sie spielen aber auch eine Rolle, wenn
wir bei der Lektüre eines Textes offenkundige Fehler korrigieren oder
Aspekte, die in der Darstellung des Sachverhalts fehlen (weil sie als
mitgebrachtes Wissen vorausgesetzt werden) ergänzen. So können
wir beispielsweise in Datum 3 mühelos mitverstehen, dass wir, um
an den Fütterungen teilzunehmen, unser Besichtigungsprogramm
um die für die Fütterung festgesetzte Uhrzeit herum gestalten müssen. Auch in unsere Erinnerung an Ereignisse bzw. gelesene Texte
geht Skript-Wissen ein (vgl. Anderson [6]2007, 194f.).

De Beaugrande & Dressler (1981) grenzen von einem solchen Wis-
sensformat Frames ab, insofern diese lediglich Zusammengehöriges
repräsentierten, ohne eine Reihenfolge vorzugeben, in der die Dinge
üblicherweise getan oder erwähnt werden.

Aufgabe   5. Versuchen Sie intuitiv eine geordnete Darstellung des Skripts Tier-
    fütterung. Nach welchen Inhaltsdimensionen/ Konzeptvariablen
    könnte man dagegen den statischen Wissensrahmen (Frame) Zoo
    strukturieren?

Frames können durch Kommunikation in allen Dimensionen ausge-
baut werden, die die jeweilige Struktur zulässt. Allerdings ist das
Wissen, das konventionell, im Sinne des Default-Wissens, mit einem

bestimmten Wort (z.B. *Zoo*) verbunden ist, weit weniger umfangreich. Die Ursache hierfür ist nach Klein (1999), dass in gesellschaftlichen Diskursen Frames nur in bestimmten Dimensionen stereotyp spezifiziert und mit anderen Begriffen verknüpft werden, z.b. durch kausale oder finale Beziehungen. Außerdem ist das Wissen auf Experten und Laien unterschiedlich verteilt (so ist der Frame [ZOO] bei einem Zoo-Manager weitaus differenzierter und komplexer als bei einem durchschnittlichen Zoo-Besucher).

Wie wir gesehen haben, bleiben in einem Text große Teile des Wissens typischerweise implizit, sie werden als mitgebrachtes Hintergrundwissen vorausgesetzt. Nur, wenn man – ausgehend von Hinweisen an der Textoberfläche – annimmt, dass auch solche Wissenshintergründe herangezogen werden, kann man erklären, wie zum Beispiel Kohärenz hergestellt und Intentionalität konstruiert werden kann. Dabei wird meistens die Kenntnis der relevanten Frames bereits vorausgesetzt, die man erst „aus den sprachlichen Daten gewinnen muss" (Heringer 1999, 127): Ohne zu wissen, was die Beteiligten wussten, wird man wenig verstehen; ohne den Text zu verstehen, wird man das Wissen der Beteiligten nicht erschließen können. Da in einem bestimmten Text immer nur ein kleiner Teil des Wissens sprachlich dargestellt ist, über das die Beteiligten verfügen und das sie nachweisbar (!) voraussetzen, müssen unter Umständen weitere Quellen aus der diskursiven Vorgeschichte herangezogen werden, die über eben dieses Wissen Aufschluss geben. Dieses Wissen kann dann zur kohärenzstiftenden Füllung von Inhaltsdimensionen/ Konzeptvariablen herangezogen werden. Die Frame-Analyse kann dabei helfen, kontextuell relevante Wissensbestände über das sprachlich Bedeutete hinaus systematisch zu erschließen und zu beschreiben (vgl. Holly 2000).

2.4 Elementare Vertextungsmuster

Zu unserem textbezogenen Handlungswissen gehört auch die Kenntnis elementarer Muster der Textherstellung wie Beschreiben, Erklären, Erzählen oder Argumentieren. Sie sind insofern elementar, als sie jeweils in verschiedenen Textsorten zum Tragen kommen (z.B. Beschreiben in Bedienungsanleitungen und Reiseführer-Texten); in der Genre-Theorie werden sie daher auch als Pre-Genres bezeichnet (z.B. bei Fairclough 2003). Solche Muster strukturieren, wie ein Thema nach und nach in einem Text entfaltet wird (Brinker 1985/ ^{6}2005), ohne an bestimmte Themen gebunden zu sein.

Die Hinweise darauf, dass ein Text einem solchen Muster folgt, erstrecken sich über die Zeichenoberfläche und tragen auf diese Weise mit dazu bei, dass eine Lektüreeinheit, also ein Text, als Ganzes konstituiert werden kann; Hausendorf & Kesselheim bezeichnen sie als „Strukturhinweise" und rechnen sie – wie Wiederholungen, Vor-

und Rückverweise und Relationshinweise – den Verknüpfungshinweisen zu (Hausendorf & Kesselheim 2008, 90). Sehen wir uns einige dieser Muster etwas näher an.

2.4.1 Beschreiben und Verwandtes

Eine Textsorte, in der das Beschreiben eine besondere Rolle spielt, sind Texte zu den Exponaten eines Museums (vgl. Datum 4):

Datum 4: „Meisterwerk"

Die Briefleserin

JOHANNES VERMEER

Öl auf Leinwand, ca. 1663

46,5 x 39 cm

Der Brief bildet das Herzstück dieser intimen Szene. Die junge Frau wird ihn gerade erhalten haben. Auf dem Tisch liegt noch ein zweiter Bogen. Die ausgerollte Landkarte an der Wand könnte eine Anspielung auf den Absender sein. Johannes Vermeer ist ein Meister im Andeuten von Raum und spielt gekonnt mit Licht und Schatten. Landkarte und Stuhl werfen Schlagschatten auf die Wand, während dies bei der Frau fehlt. Dadurch ist sie vom Hintergrund losgelöst. Von dem Tisch, den Stühlen und der Landkarte lässt er – ein weiterer Kunstgriff – nur soviel sehen, dass man sich eine Vorstellung davon machen kann. Alles ist auf das Notwendigste reduziert. Sogar die Farben sind auf Blau und Ocker beschränkt, allerdings in endlos vielen Nuancen.

(Quelle: Rijksmuseum Amsterdam. Die Meisterwerke. Führer. Text: Marleen Dominicus-van Soest unter Mitarbeit von Ineke Jungschleger. 2003).

An solchen Texten lassen sich die funktionalen und strukturellen Charakteristika, auch die besonderen Hausforderungen von Beschreibungen gut studieren. Dementsprechend widmet man in der Kunstwissenschaft und Kunstpädagogik der Beschreibung von Kunstwerken (Ekphrasis) traditionell eine besondere Aufmerksamkeit (vgl. zum Folgenden Klotz 2007). Bei der Ekphrasis handelte es sich zunächst um eine Übungsform der Rhetorik mit dem Ziel, das „anschauliche" Sprechen und Schreiben, die Kunst der Beschreibung, zu lernen. In der Kunstwissenschaft wird sie als ein Verfahren der „Blicklenkung" verstanden, mit dem man die sukzessive Entdeckung eines Kunstwerks vorteilhaft beeinflussen kann: Es geht also darum, durch die sprachliche Kunst der Kunstbeschreibung den Prozess der Wahrnehmung zu

Ekphrasis (margin note)

- systematisieren,
- erweitern,
- verlangsamen,
- ihn begrifflich zu fassen und so bewusst zu machen, auch zu
- intensivieren.

Dementsprechend gelten in der Kunstpädagogik Beschreibungen als eine Unterstützung auf dem Weg zum systematischen und ganzheitlichen Sehen, wobei Systematisierung weder mit Objektivität noch mit Vollständigkeit verwechselt werden darf (dementsprechend verfährt auch der Text in Datum 4 durchaus selektiv).

Eine besondere Herausforderung der Beschreibung liegt darin, dass dieses Vertextungsmuster (im Unterschied zum Erzählen, das eine chronologische Ereignisstruktur impliziert) dem Schreibenden keine Orientierung darüber bietet, wie der Gegenstand geordnet zu erfassen ist. Auch soll, im Interesse einer ganzheitlichen Entdeckungsprozedur, vermieden werden, die Beschreibung durch den argumentativen Zuschnitt auf eine bestimmte These hin zu verengen (z.B. die These, dass es sich bei dem beschriebenen Kunstwerk um ein „Meisterwerk" handelt, vgl. Datum 4). Will der Beschreibende dem Anspruch der Ekphrasis gerecht werden, also nicht nur locker Aussagen über den Gegenstand aneinanderreihen, muss er selbst seinem Text eine Ordnung auferlegen, wobei mit der Wahl eines Anfangs bereits ein Weg eingeschlagen wird (vgl. Klotz 2007). So folgt etwa der Haupttext in Datum 4 dem Weg

- vom auffälligen, zentralen Element des Bildinhalts („das Herzstück dieser intimen Szene") zur Peripherie,
- vom Vordergrund („auf dem Tisch") zum Hintergrund („an der Wand") und
- von der Darstellung (des Bildinhalts) zur Herstellung („Johannes Vermeer ist ein Meister im Andeuten von Raum" etc.) mit den geordnet dargestellten Aspekten Licht vs. Schatten, Ausarbeitung vs. Andeutung und Farbgebung.

Andere Systematisierungen einer Beschreibung sind zum Beispiel

- von links nach rechts,
- von oben nach unten,
- vom Anfang (eines Raums, eines Films ...) zum Ende,
- vom Wichtigen zum Unbedeutenden,
- vom Bekannten zum Unbekannten,
- vom Ganzen zu den Teilen –

und jeweils umgekehrt (vgl. Klotz 2007).
Sprachlich kann man eine Beschreibung unter anderem daran erkennen (vgl. Hausendorf & Kesselheim 2008, 97ff.; Holly 2001, 37ff.), dass auf den Gegenstand und – entsprechend der gewählten Syste-

matik – auf seine Elemente/ Aspekte Bezug genommen wird (Referenz). Aus der Zuschreibung von Eigenschaften (Prädikation), im
Einzelnen und in der Summe, ergibt sich die Erfassung des Gegenstands in seiner Individualität.

So wird zum Beispiel in Datum 4 zunächst, den Konventionen der
Institution Kunstmuseum/ Kunstbetrieb entsprechend (vgl. dazu
Hausendorf 2007), das Werk in Bezug auf seine Materialität katego-
risiert („Öl auf Leinwand"), zeitlich eingeordnet („ca. 1663") und hinsichtlich seines Formats spezifiziert („46,6 x 39"). Danach werden
systematisch der Bildinhalt (eine „intime Szene") und seine Elemente („der Brief" – „ihn", „die junge Frau", „die ausgerollte Landkarte"
etc.) charakterisiert, wobei den Lokalisierungen eine besondere Relevanz zukommt („das Herzstück dieser intimen Szene", „auf dem
Tisch", „an der Wand"). Schließlich geht es um charakteristische
Aspekte seiner Machart („Andeuten von Raum", „die Farben [...] Blau
und Ocker" etc.).

Typisch für Beschreibungen ist auch das Tempus der Verbfor-
men: Es dominiert das Präsens, die Perfektform in Datum 4 verweist darauf, dass hier ein erzählerisches Element in das Bild bzw.
seine Beschreibung einbezogen wurde („Der Brief bildet das Herzstück dieser intimen Szene. Die junge Frau wird ihn gerade erhalten
haben").

Auch der Verweis auf die Wahrnehmungssituation ist für Beschreibungen dieser Art charakteristisch (der Künstler „lässt [...]
nur soviel sehen, dass man sich eine Vorstellung [...] machen
kann").

Neben Beschreibungen von Gegenständen behandelt die Textlinguistik auch solche von wiederholbaren Vorgängen und einmaligen
historischen Ereignissen (Brinker 1985/ ⁶2005, 59ff.), letztere werden
auch als ein eigenes Muster – das Berichten – beschrieben (Holly
2001, 37). Schlägt sich in Beschreibungen die Subjektivität des Be-
schreibenden erkennbar nieder, also seine Eindrücke, Affekte und
Einstellungen in der Auseinandersetzung mit dem Gegenstand der
Beschreibung, ist mitunter auch von einem eigenen Muster – dem
Schildern – die Rede (Fleischer & Michel 1979).

In Beschreibungen können auch Elemente anderer Muster einge-
schoben sein (wie überhaupt im konkreten Einzeltext Kombinationen
und Mischungen der Muster möglich sind): So findet sich in Datum
4 bei näherem Hinsehen neben dem bereits erwähnten narrativen
Element, das die unmittelbare Vorgeschichte der dargestellten Szene
erzählt, auch eine allgemeinere Erläuterung (vgl. Hausendorf 2007)
über den Stil des Künstlers („Johannes Vermeer ist ein Meister im
Andeuten von Raum und spielt gekonnt mit Licht und Schatten.").
Damit wird der Diskurs über das Kunstwerk in gewisser Hinsicht
zum Teil des Kunstwerks.

2.4.2 Erklären

Geht es beim Beschreiben um die Welt unter dem Gesichtspunkt der Wahrnehmbarkeit, geht es im Fall einer Kommunikation des folgenden Typs um ihre Erklärbarkeit (Hausendorf & Kesselheim 2007). Im Mittelpunkt des Erklärens steht die kausale Frage, warum etwas so ist, wie es ist:

Datum 5: „Wissen macht Ah!"

Lampenfieber

Lampenfieber macht vielen Menschen richtig zu schaffen. Die bekommen dann Bauchschmerzen, müssen kotzen oder haben Durchfall.

Man könnte annehmen, dass es Lampenfieber erst gibt, seitdem es Lampen gibt. Hahaa, weit gefehlt!

Wer hätte gedacht, dass das Lampenfieber ein Überbleibsel unserer Vorfahren ist? [...]

Warum aber geht es so vielen Menschen mit Lampenfieber so schlecht, dass sie brechen und Durchfall haben?

Wissenschaftler gehen davon aus, dass diese Begleiterscheinungen des Lampenfiebers ihren Ursprung in der Steinzeit haben. Damals waren unsere Vorfahren noch nicht das Ende der Nahrungskette. Es gab viele wilde Tiere, die oft und gerne Jagd auf die frühen Menschen machten. Die wiederum versuchten das so gut es ging zu verhindern. Da aber Schusswaffen damals noch nicht erfunden waren, blieb den Urmenschen meistens nur die Flucht.

Mit vollem Bauch lässt es sich nicht so gut fliehen. Da waren diejenigen Steinzeitmenschen besser dran, die kurz vor der Flucht – also wenn es richtig aufregend wurde – noch mal allen unnötigen Ballast abwerfen konnten. Und das ging wahrscheinlich am schnellsten mit einer sturzbachartigen Magen- und Darmentleerung.

[...]

(Quelle: Ralph Caspers: Wissen macht Ah! Klugscheißen mit Shary und Ralph. Berlin: Ullstein 2004, 78-82).

Wesentlich für Erklärungen ist, dass der zu erklärende Sachverhalt (das Explanandum, hier Lampenfieber) aus anderen Sachverhalten logisch hergeleitet wird (das Explanans, vgl. Holly 2001, 41): Die anderen Sachverhalte stellen teils Anfangsbedingungen dar (die Bedrohungssituation des Steinzeitmenschen), teils handelt es sich um Gesetzmäßigkeiten („Mit vollem Bauch lässt es sich nicht so gut fliehen"; die Prinzipien der Evolution, die im Text über weite Strecken als mitgebrachtes Wissen vorausgesetzt werden). — *Eplanandum und Explanans*

Zu den sprachlichen Charakteristika von Erklärungen (vgl. Hausendorf & Kesselheim 2007, 100ff.) gehören unter anderem rhetorische Mittel, die ein Problem als interessant erscheinen lassen (z.B. rhetorische Fragen: „Wer hätte gedacht, dass das Lampenfieber ein Überbleibsel unserer Vorfahren ist?"), Warum-Fragen, der Bezug auf Experten („Wissenschaftler gehen davon aus ...") und diverse Verfahren der Veranschaulichung (z.b. Metaphern und Vergleiche: „unnötigen Ballast abwerfen", „mit einer sturzbachartigen Magen- und Darmentleerung").

2.4.3 Argumentieren

Das Muster des Argumentierens kommt vor allem dort vor, wo die Antwort auf eine Frage (potenziell) umstritten ist: Je nach Standpunkt bestehen unterschiedliche Auffassungen darüber, welche Beschreibungen der Welt wahr und welche Handlungsoptionen normativ richtig sind. In der Kommunikation kann es dann darum gehen, andere davon zu überzeugen, dass der eigene Standpunkt richtig und die Ansichten der anderen falsch sind (Persuasion). Werden solche Konflikte mehr oder weniger sachlich ausgetragen, kommt es darauf an, das eigene Handeln durch Argumente rational zu begründen (Holly 2001, 42; Hausendorf & Kesselheim 2008, 94ff.).

Persuasion

Im folgenden Beispiel (Datum 6), einem Ausschnitt aus einer Werbeanzeige, wird ein innerfamiliärer Streit inszeniert über die Frage, welches Auto den Bedürfnissen der Beteiligten entspricht. Vor diesem Hintergrund wendet sich in einer fiktiven Internet-Beratungssituation der Familienvater an einen Autohersteller und stellt, mit Mitteln der Übertreibung und Zuspitzung, die kontroversen Positionen und den sich daraus ergebenden Konflikt eindringlich dar:

Datum 6: „Genug für jeden"

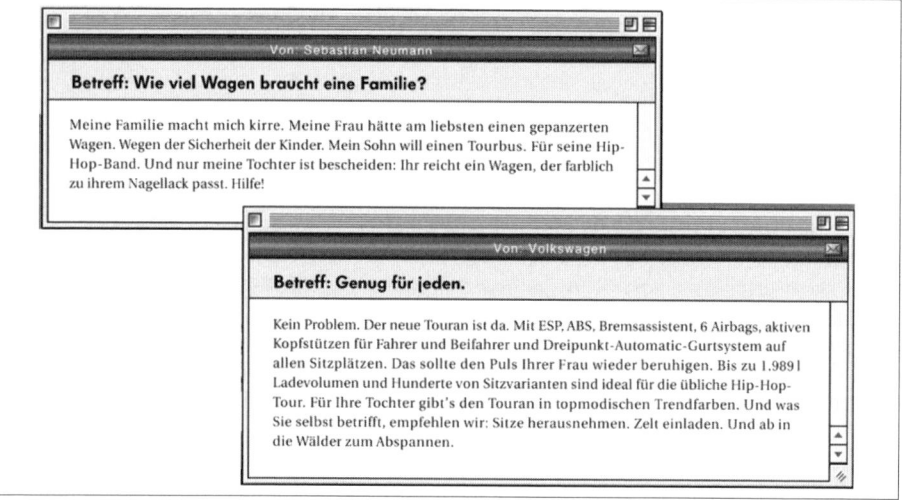

(Quelle: Ausschnitt aus einer Werbeanzeige für den VW Touran)

In der Antwort bezieht der Autohersteller zu der Kontroverse Position. Er stellt die These auf, dass ein bestimmtes Modell der eigenen Marke die ideale Lösung darstellt: ein Auto, das den Bedürfnissen aller Beteiligten entspricht. Diese These wird unter Bezug auf die Ansprüche der Beteiligten (einschließlich der Bedürfnisse des Vaters, die in der Anfrage zum Ausdruck kamen) argumentativ begründet.

Charakteristisch für Argumentationen (vgl. Hausendorf & Kesselheim 2008, 94ff.) ist der Bezug auf eine kontroverse Ausgangsfrage ("Wie viel Wagen braucht eine Familie?") bzw. ein Problem ("Hilfe!") und eine darauf bezogene Behauptung ("Kein Problem. Der neue Touran ist da"). Für diese Behauptung werden dann Gründe angegeben, wobei die verschiedenen Standpunkte und die ihnen zugrunde liegenden Werthaltungen (Sicherheit, ein bestimmte Funktionalität, Ästhetik) aufgegriffen werden. *Argumentations-struktur*

Das Herzstück der Argumentation besteht darin, die strittige Behauptung durch unstrittige Feststellungen zu stützen, hier diverse technische Angaben und die Optionen der Farbwahl, die belegen sollen, dass das Auto hohen Anforderungen an Sicherheit, Funktionalität und Ästhetik genügt. Argumentationslogisch liefern diese Feststellungen die Daten, aus denen auf der Basis einer Schlussregel (die zumeist implizit bleibt) die Aussage der These als Konsequenz hergeleitet werden kann (Holly 2001, 42, unter Bezug auf Toulmin 1958): *Wenn* ein Auto nachweislich bestimmte Sicherheitsmerkmale, Funktionseigenschaften und ästhetische Qualitäten aufweist, *dann* stellt es das ideale Auto für eine Familie (bzw. einen bestimmten kulturellen Typ von Familie) dar.

2.4.4 Erzählen

Das abschließende Beispiel für das Musters des Erzählens fällt insofern aus dem bisherigen Rahmen, als hier einmal eine nicht (ausschließlich oder vorrangig) sprachliche Realisierung ausgewählt wurde, sondern eine Bildgeschichte. Diese ist – in Verbindung mit sprachlichen Elementen – im Rahmen einer Werbeanzeige für persuasive Zwecke funktionalisiert: als anschaulicher und alltagsnaher Beleg für die Attraktivität des Produkts.

In vier Bildern, von denen die ersten drei in einer Bildleiste am oberen Rand, das vierte aufmerksamkeitsbindend im Zentrum der Anzeige erscheint, wird die Geschichte eines (Ehe-)Paares erzählt, dessen Abendgestaltung eine unerwartete Wendung nimmt.

Im Aufbruch zu einer festlichen öffentlichen Veranstaltung schiebt die Frau die Eintrittskarten (und damit metonymisch die Veranstaltung insgesamt) zur Seite (1. Bild), sie bleiben neben der Handtasche und einer CD (eine Anspielung auf den musikalischen Charakter des Events) auf einer Ablage in der Wohnung liegen (Bild

2). Nach einer Entkleidungsszene (Bild 3) genießen die beiden „Wannen-Liebhaber" (im zweifachen Wortsinn) ein gemeinsames Bad in einer – wie es im Fließtext der Anzeige heißt – „luxurösen Badeeinrichtung" (Bild 4):

Datum 7: „Wannenliebhaber"

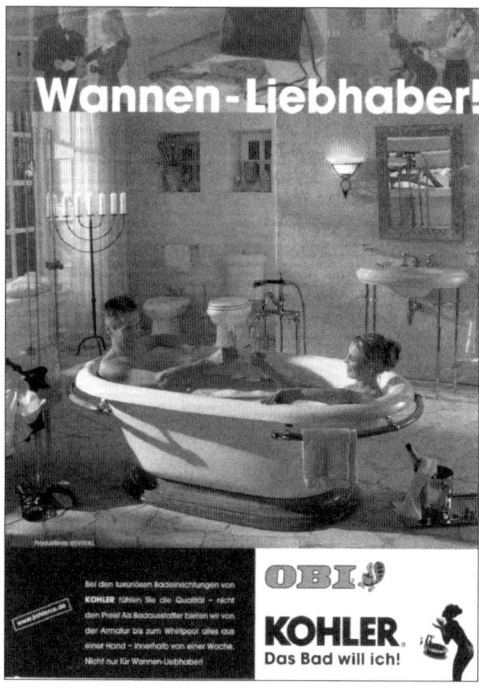

(Quelle: Werbeanzeige der Firmen Obi und Kohler).

Diese Bildgeschichte weist typische formal-funktionale Elemente von Erzählungen auf (Holly 2001, 39ff.; Hausendorf & Kesselheim 2008, 91ff.):

Erzählschema

- der Entwurf einer Eröffnungsszene, die anschaulich Aufschluss gibt über Ort, Zeit und Protagonisten der Handlung. Dabei handelt es sich eher um eine dramatisierte Nachstellung als um eine sachliche Darstellung (beachten Sie zum Beispiel die theatrale Geste der Zurückweisung im ersten Bild).
- Die Szene stellt den Einstieg in eine zeitlich begrenzte und strukturierte Episode dar: Eine Ereigniskette ist auf einen Ereignisknoten (ein Skandalon) hin gestaltet, der die Geschichte erzählenswert

macht: Hier lebt die Geschichte von der überraschenden Wendung und dem Verstoß gegen bürgerliche Normen, nach dem Motto: hedonistisches Wannenerlebnis schlägt hochkulturellen Opernbesuch.

Auf ein Happy End folgt eine abschließende Einordnung und Bewertung (die Moral der Geschichte), die im vorliegenden Fall den persuasiven Zwecken der Werbeanzeige entspricht.

Zur Vertiefung: Hausendorf & Kesselheim 2008; Ziem 2009.

3 Das Repertoire der Kommunikation: Texttypologie

3.0 Am Anfang: Agenda und Impuls

Texte verweisen auf andere Texte gleichen Typs. So gehen in den Umgang mit einem Text unsere früheren Erfahrungen mit ähnlichen Texten ein. Indem wir in der Sozialisation ein breit gefächertes Wissen über Textsorten erwerben, wachsen wir in die gesellschaftlich-kulturelle Ordnung hinein. Auf dieser Grundlage können wir, oft routiniert, komplexe sprachliche Handlungen für andere verständlich vollziehen und Texte anderer als typische Lösungen kommunikativer Aufgaben verstehen. So erleichtern Textsorten die Kommunikation.

In diesem Kapitel befassen wir uns mit

- der soziokulturellen und individuellen Relevanz von Textsortenwissen, und der Beziehung zwischen Textsortenwissen und Sprachsystem (Wortschatz, Grammatik),
- der Rolle, die eine auf Textsortenmerkmale bezogene Analyse für die Interpretation des Textsinns leistet,
- dem Beitrag, den die empirische Textsortenlinguistik zur Beschreibung des kommunikativen Repertoires einer Gesellschaft – und damit zum Verständnis einer Kultur – erbringen kann. Und mit der kontroversen Diskussion über eine angemessene Methodik.

Im Rahmen einer Werbekampagne erhalten die Kunden einer Waschanlage an der Ausfahrt ein Erfrischungstuch, dessen Verpackung bedruckt ist (vgl. Datum 8a). Auf welche Textsorten verweisen die Elemente der Verpackungsbeschriftung? Rekonstruieren Sie auf dieser Grundlage deren kommunikativen Sinn.

Datum 8a: „Alles frisch!" (Vorderseite)

3.1 Handlungsmuster, Textsorten, Sprachformen

Zu den Grundannahmen der Textlinguistik gehört die Annahme, dass Texte auf andere Texte gleichen Typs verweisen. Vor diesem Hintergrund – in Verbindung mit anderen Ressourcen der Textkonstitution – können sie von den Kommunikationsteilnehmern verstanden werden (vgl. zu dieser Form von Intertextualität als einem grundlegenden Merkmal von Texthaftigkeit Kapitel 2).

Auch in der kommunikationstheoretisch fundierten Wissenssoziologie geht man davon aus, dass Mitglieder einer Gesellschaft, je individuell, ein kollektiv geteiltes Wissen über typisierte kommunikative Handlungs- und Sinnzusammenhänge erwerben. Erving Goffman (1971) spricht von „Rahmen", die Linguisten Konrad Ehlich und Jochen Rehbein (1979) von „Handlungsmustern" als überindividuellen Instanzen, die zwischen wiederkehrenden Bedürfnissen und ihrer Befriedigung durch kommunikative Handlungen vermitteln. Handlungsmuster sind im Rahmen gesellschaftlicher Institutionen vorstrukturiert (man denke zum Beispiel an die Kategorien von Formularen, wie man sie oft ausfüllen muss, wenn man in der Kommunikation mit Ämtern und Behörden die Handlung eines Antrags vollzieht).

Zur kommunikationstypologischen Kompetenz gehört auch ein Wissen darüber, mit welchen Zeichen man in einer Kommunikationssituation auf die gerade aktuelle Relevanz eines bestimmten Handlungstyps verweisen kann. Soziologisch ausgedrückt:

> Wer über dieses implizite Wissen und über Mittel verfügt, mit deren Hilfe man sich als Kenner alltäglicher und kollektiver Handlungs- und Situationstypen zu erkennen geben kann, verfügt zugleich sowohl über ein Typenrepertoire als auch über Darstellungsmittel, in denen Hinweise auf eine spezifische Verwendung und Deutung von Typen [...] gegeben werden. (Soeffner 1986, 76)

Textlinguisten würden das so sagen: Zur kommunikativen Kompetenz der Mitglieder einer Gesellschaft gehört ein Wissen über Textsorten. Diesen Begriff kann man noch weiter differenzieren. So schlägt Heinemann (2000, 2000a) vor, Textsorten (zu denen jeweils Textsortenvarianten existieren) zunächst zu Textsortenklassen und auf einer noch abstrakteren Ebene zu Texttypen zusammenzufassen; im Unterschied zu diesen wissenschaftlichen Kategorien soll das textsortenbezogene Wissen der Beteiligten unter dem Begriff Textmuster gefasst werden. Wir werden im Folgenden auf solche Unterscheidungen zunächst verzichten und allgemein von Textsorten sprechen (die von Heinemann getroffene Differenzierung taucht dann aber in der Methodendiskussion noch einmal auf). Erwähnt sei aber noch, dass unser Verständnis von Textsorten eng verwandt ist mit dem Konzept der kommunikativen Gattungen (Luckmann 1986). In der (internationalen) diskurslinguistischen Diskussion ist üblicherweise von „Genres" der Kommunikation die Rede.

Marginalien:
Handlungsmuster
Institutionen
Situationstypen
Textsorten
Textmuster

Halten wir zunächst fest: Textsorten stellen typisierte texthafte Zeichen dar, mit denen bestimmte Handlungstypen in der Kommunikation für andere wahrnehmbar und verstehbar vollzogen werden. Textsorten sind also in zweifacher Hinsicht bestimmt (Gruber u.a. 2006):

- durch ihre sozialen Zwecke, Handlungskontexte und Rollenkonstellationen. Diese Aspekte werden oft unter den Begriff der Außenstruktur kommunikativer Gattungen oder Textsorten gefasst (vgl. Luckmann 1986). Damit einher geht die Bindung an eine Kommunikationsgemeinschaft, in der sich – zur gemeinsamen Bearbeitung entsprechender Aufgaben – ein geteiltes Textsortenwissen herausgebildet hat (vgl. Swales 1990). Insofern trägt die Beschreibung des Inventars von Textsorten, über das eine Gruppe oder eine Gesellschaft verfügt, wesentlich zur Beschreibung ihrer Kultur bei. — *Außenstruktur*
- durch strukturelle Merkmale und Bedingungen, die den Mitteln und Formen geschuldet sind, die zu ihrer Realisierung genutzt werden (z.B. Wörter und grammatische Strukturen/ Funktionen einer Sprache, Typographie/ Layout, Bilder). Hierzu gehören auch die allgemeinen Parameter, die menschliches Zeichenhandeln steuern (z.B. transparenter Aufbau, das Prinzip der guten Gestalt etc., vgl. Dressler 2000). Solche Aspekte können unter dem Begriff der Binnenstruktur kommunikativer Gattungen gefasst werden (vgl. Luckmann 1986). — *Binnenstruktur*

Die Charakteristik einer Textsorte resultiert so einerseits aus der sozialen Zweckgebundenheit und dem Kontext, in dem sie steht, andererseits aus ihrer Formbestimmtheit (Ehlich 1986), der Gebundenheit an Zeichen und bestimmte Zeichensysteme. — *Zweckgebundenheit und Formbestimmtheit*

Dabei ist die Verwendung der Zeichen den Zwecken angemessen, so dass eine Analyse der Formen und Mittel auch Rückschlüsse auf die Zwecke erlaubt.

1. Charakterisieren Sie anhand eines Beispiels die Textsorte Kochrezept, wie sie in Kochbüchern vorkommt: Was erscheint Ihnen charakteristisch im Blick auf den Wortschatz, den Satzbau, die Typographie, die Inhalte und die Gestaltung der Bilder? — **Aufgabe**
2. Welchen Zwecken dienen Kochrezepte in der kommunikativen Praxis? Inwiefern ist die musterhafte Gestaltung solcher Texte (vgl. Aufgabe 1) diesen Zwecken angemessen?

Halten wir fest: Auf der Basis von Textsorten vollziehen wir, oftmals routiniert, komplexe sprachliche Handlungen und verstehen die Texte anderer. Textsorten ermöglichen und erleichtern so die Kommunikation.

Für den Produzenten eines Textes dient das Wissen über Textsorten als Gestaltungs- und Entscheidungsgrundlage (de Beaugrande & Dressler 1981, 189): — *Textproduktion*

- Welche vorgeformten Textelemente muss ich verwenden, wenn ich dem Leser frühere Erfahrungen mit Texten dieses Typs in Erinnerung bringen und so verständlich machen will, welche Handlungen ich mit meinem Text vollziehe?
- Wie gestaltet man beispielsweise eine Seminararbeit im Studium – orientiert an den Konventionen für diese Textsorte – so, dass sie vom Leser als Text dieses Typs erkannt, verstanden und anerkannt wird?
- Welche textsortenbezogenen Kommunikationserfahrungen kann ich überhaupt bei meinem Leser voraussetzen?

In diesem Sinne greifen im Schreiben und Reden individuelle kognitive Kalküle und soziales Wissen (über Kommunikation) ineinander. So kann zum Beispiel das Schreiben eines Textes als ein sprachliches Operieren mit Typisierungen von Welt gedacht werden (vgl. Nothdurft 1986, unter Bezug auf Wegener 1885).

Textsorten können mehr oder weniger verfestigt sein, woraus sich für die Handelnden größere oder kleinere Handlungsspielräume ergeben.

Aufgabe   3. Geben Sie Beispiele für Textsorten, die den Autor weitgehend festlegen, und für solche, bei denen sehr große Gestaltungsspielräume bestehen.

Textrezeption   Auf der anderen Seite kann der Leser (oder Hörer) – dank seines in der Sozialisation erworbenen kommunikationstypologischen Wissens – „sprachliche Erscheinungsformen als typische Lösungen wiederkehrender kommunikativer Problem- und Aufgabenstellungen" erkennen und deuten: „Sie signalisieren das Muster, zu dem die fraglichen sprachlichen Erscheinungsformen gehören" (Hausendorf & Kesselheim 2008, 29).

Natürlich erfahren auch elementare Elemente von Kommunikationsereignissen (Wortwahl, Sprechakte etc.) eine Typisierung. Der Gegenstandsbereich der linguistischen Kommunikationstypologie wird aber üblicherweise auf Texte, also komplexe Handlungsroutinen und Sinnzusammenhänge oberhalb der Satzebene, eingegrenzt. Allerdings impliziert die Orientierung des Schreibenden an einem Textmuster die „Auswahl und Verwendungsweise [...] elementarer Formen [...], und dementsprechend impliziert die typologische Beschreibung komplexer Ereignisse die Kenntnis der elementaren Formen" (Kallmeyer 1986, 7). Wer Text(sorten)linguistik betreiben will, muss also auch eine Menge von Lexikologie und Grammatik verstehen.

In einer konkreten Kommunikationssituation werden die sozial geteilten Handlungs- und Sinntypen oft nicht einfach nur reproduziert, sondern, je nach Handlungsspielraum, auf der Basis komplexer Anzeigehandlungen und Deutungshinweise zu neuen, hybriden Einheiten verbunden (vgl. Soeffner 1986, 76f.).

Hinweise

Betrachten wir dazu ein Beispiel (vgl. Datum 8a). In diesem Text verweisen die Routineformeln „Vielen Dank für Ihr Vertrauen.", „Auf Wiedersehen ..." und „bis nächste Woche" auf Verabschiedungen in mündlicher und informeller Alltagskommunikation und inszenieren so eine persönliche Nähe zum Kunden (sie entsprechen damit dem neuen Stil in der Geschäftskommunikation, wie er in Abschnitt 1.3 beschrieben wurde). Derartige Handlungen erfüllen keinen anderen Zweck als den der Beziehungspflege, anknüpfend an Malinowski (1923/ 1949) hat sich für diesen Kommunikationstyp der Terminus „phatische Kommunikation" eingebürgert. Diese Handlungen und ihre stilistische Gestaltung sind der Situation angemessen, in der dem Kunden der Text ausgehändigt wird, er ihn also erstmals wahrnimmt und vielleicht rezipiert: der Aushändigung des Erfrischungstuches bei der Ausfahrt. In dieser Situation findet die interpersonale mündliche Kommunikation mit den Mitarbeitern der Waschanlage durch Verabschiedung, Dankesbekundung etc. ihren Abschluss, der schriftliche Text, den der Kunde mit nach Hause nehmen kann, schließt also unmittelbar an diese Situation an. In eine ähnliche Stilkategorie gehört auch „Alles frisch!", wenn man die Äußerung als Realisierung der umgangssprachlichen, als jugendkulturell markierten Begrüßungsformel versteht.

Daneben weist der Textbaustein „Alles frisch!" lexikalisch, syntaktisch und typographisch den Charakter einer Schlagzeile (sprachlich auch eines Slogans) aus der massenmedialen Werbekommunikation auf: Übertreibung, Expressivität, Prägnanz, Auffälligkeit, evaluative Lexik. (Die gleiche Formulierung – ein Fall von Intertextualität zwischen Einzeltexten – wurde übrigens schon in den 80er Jahren in der Kampagne einer Kaffeemarke verwendet.) Auf Werbetexte verweisen auch die Textbausteine Markenname, Logo und Slogan („Pflege und Service vom Feinsten."). Elemente dieser Art kennen wir nicht nur aus Werbeanzeigen, Flyern etc., sie finden sich, wie im vorliegenden Fall, auch auf vielen Produktverpackungen.

Die Kategorisierung des Produkts („Erfrischungstuch") und die Angaben zum Material („100 % Baumwolle") sind ebenfalls charakteristisch für Produktverpackungen (bzw. sogar zwingend aufgrund rechtlicher Rahmenbedingungen). Dies gilt auch für die Verbraucherinformation zu Inhaltsstoffen und die Kontaktinformationen des Herstellers, die sich auf der Rückseite der Verpackung finden (die weiteren Textelemente sind redundant, womit einer möglicherweise flüchtigen und unvollständigen Rezeption Rechnung getragen wird).

Datum 8b: „Alles frisch!" (Rückseite)

Auf der Basis der textsortenbezogenen Analyse lässt sich also ein Bündel von Textfunktionen bestimmen. Diese Funktionen bringt das Unternehmen durch typisierte Ausdrucksmittel ins Spiel, um bestimmte Handlungen der Unternehmenskommunikation zu realisieren und für den Leser verständlich zu machen:

- Beziehungspflege und -gestaltung (im Rahmen einer Kundenbindungsstrategie),
- Werbung mit den Teilfunktionen Aufmerksamkeitsschaffung, Überzeugung, Erinnerung, Selbstdarstellung und Imagebildung (im Rahmen der Markenpolitik),
- Verbraucherinformation (im Rahmen rechtlicher Vorgaben).

Wie aber hängen die verschiedenen Texthandlungen handlungslogisch miteinander zusammen? Im Blick auf eine handlungslogische Hierarchie gibt die Typographie den Hinweis, dass die Werbehandlungen dominieren. Eine Kombination von Werbung mit Verbraucherinformationen (mit entsprechender Gewichtung der Teilhandlungen) ist von Produktverpackungen her bekannt; damit lässt sich – gestützt durch Wahrnehmungen in der Situation – das komplexere Textmuster als Verpackungstext identifizieren. Eher ungewöhnlich und situationsspezifisch erscheint die Verbindung mit Elementen mündlicher phatischer Kommunikation. Wie wir gesehen haben, gehören aber auch solche Strategien zur Unternehmenskommunikation, sie erfüllen im weiteren Sinne werbende Zwecke. Trotz des typologisch hybriden Charakters (verschiedene Textmuster werden miteinander kombiniert) lässt sich der Aufdruck im situativen Zusammenhang doch als eine pragmatisch, semantisch und stilistisch kohärente Ganzheit (und damit als *ein* Text) auffassen.

Aufgabe 4. Was spricht dafür, was dagegen, die Verpackungsbeschriftung als Text aufzufassen? Wenden Sie die Textualitätskriterien aus Abschnitt 2.1 auf Datum 8 an.

Für die Theorie über Sprache ergibt sich aus einer kommunikationstypologischen Betrachtungsweise, dass sprachliche Formen (Wörter, Formeln, grammatische Konstruktionen) selbst typisiert und auf einer bestimmten Ebene des Wissens konventionell mit kommunikativen Zwecken verbunden sind. Sprachliche Kompetenz umfasst in diesem Sinne auch die Kompetenz, durch sprachliche Mittel auf Handlungskontexte zu verweisen (vgl. Feilke 2000). Wissen über Sprache und Wissen über Kommunikation stehen, so betrachtet, nicht in einem additiven Verhältnis zueinander: Man lernt nicht zuerst, sozusagen isoliert, Wörter und Grammatik und dann in einem zweiten Schritt, diese für kommunikative Zwecke zu nutzen. Vielmehr sind Sprache und über das Sprachliche hinaus reichende Sinn-Einheiten des Handelns im Rahmen komplexer „kommunikativer Handlungsspiele" (Schmidt 1973, 234) miteinander verbunden: auf der Ebene der Kultur und des Individuums, das sich Kultur und Sprache im Verlauf der Sozialisation aneignet.

(Marginalie: sprachliche Handlungsspiele)

Die Erkenntnisinteressen kommunikationstypologischer Forschung im Rahmen der Sprachwissenschaft zielen also auch darauf, sprachliche Strukturen in natürlichen Verwendungszusammenhängen zu denken und so „die pragmatische Funktionalität der Sprache selbst" zu erhellen (Feilke 2000, 67). Damit ist die linguistische Frage aufgeworfen, welcher pragmatische Mehrwert – im Sinne eines Kontextualisierungspotentials (Auer 1999a) – welchen sprachlichen Einheiten der verschiedenen Strukturebenen zukommt.

(Marginalie: Kontextualisierungspotential sprachlicher Einheiten)

Wie wir gesehen haben, ist die Textsortenlinguistik also in mehrfacher Hinsicht relevant: für die Textanalyse und -interpretation, die Schreibforschung und Schreibdidaktik, die empirische Kulturwissenschaft und für eine funktionale Theoriebildung über die Grammatik und den Wortschatz einer Sprache. So klar das Programm ist, so schwierig ist allerdings seine forschungspraktische Umsetzung.

3.2 „Das Universum der Texte"

Seit den Anfängen der Textlinguistik in den 1960er Jahren werden Probleme der Texttypologie als wesentliches Element dieser Teildisziplin, wenn nicht gar der Sprachwissenschaft überhaupt erachtet (vgl. Adamzik 2008, 148). Früh wurden Konzepte der Linguistischen Pragmatik integriert, Texte also auch im Kontext von Handeln, Kommunikation und Gesellschaft betrachtet (vgl. Kapitel 1).

Allerdings besteht über die Frage, wie ertragreiche Texttypologien auszusehen haben, ein erheblicher Dissens. Offenbar reizen texttypologische Fragestellungen, aufgrund ihrer grundlegenden Bedeutung und ihrer Stellung im Schnittpunkt verschiedener Disziplinen, in besonderer Weise zu kontroversen Standortbestimmungen (vgl. Kallmeyer 1986, 12). Der Dissens betrifft zunächst nichts weniger als die ganz elementare methodologische Frage, wozu die Typologien dienen und wie sie beschaffen sein sollen.

(Marginalie: Methodenprobleme)

Im Mittelpunkt linguistischer Typologisierungsansätze stand zumeist der Versuch, die vermeintliche (!) Beliebigkeit und Inkonsistenz alltäglicher Sortierungen zu überwinden und einen objektiven

Überblick „über das Universum der Texte zu gewinnen" (Adamzik 2008, 153). (Wir erinnern uns: „In das Chaos der Wirklichkeit vermag allein die Wissenschaft Ordnung zu bringen", vgl. Abschnitt 1.0).

Klassifikationssystem

In diesem Sinne soll, so der Stand der Kunst in dieser Tradition der Textsortenforschung, anhand der wesentlichen Merkmale von Texten bzw. sprachlichen Handlungen ein Klassifikationssystem gebildet werden, das aufgrund der Komplexität des Gegenstandsbereichs mehrere Typologien umfassen muss (Isenberg 1983, 333f.). Jede Typologie dieser Art soll im Idealfall charakterisiert sein durch

- Exhaustivität: Alle zu typologisierenden Elemente werden erfasst,
- Homogenität: Die Typologie basiert einheitlich auf *einem* Kriterium,
- Monotypie: Die zu typologisierenden Elemente werden den Typen eindeutig zugewiesen,
- Finitheit: Die Zahl der Texttypen ist begrenzt.

Während in eher induktiven Ansätzen Raster von Kriterien aus Merkmalen empirischer Texte gebildet werden, werden konsequent deduktiv gewonnene Klassifikationen stets erst im Nachhinein auf die Empirie angewandt (vgl. Ehlich 1986).

Solche Untersuchungen sind oft weniger durch praxisrelevante Fragestellungen motiviert als durch rein wissenschaftlichen Erkenntnisinteressen, etwa durch die

> Notwendigkeit zu klären, ob anhand von Texten gewonnene Regeln für alle Texte oder nur für bestimmte Textsorten gültig sind oder ob sich intuitiv unterschiedene, vorfindbare Textsorten oder Gattungen auch mit Hilfe systematischer linguistischer Kriterien unterscheiden lassen (Gülich 1986, 18).

Im Blick auf den Versuch, das Universum der Texte wissenschaftlich objektiv zu beschreiben, sollte allerdings ein Problem bedacht werden, dass uns bereits in Kapitel 1 beschäftigt hat: Begriffe und Kategorien sind nicht einfach vorhanden, sondern werden stets erst auf der Basis von (methodisch reflektierten) Wahrnehmungen und Interpretationen des Analysierenden gebildet (Luckmann 1986).

Daraus resultiert eine Vielzahl von Typologisierungsansätzen, die die „Beliebigkeit" und „Inkonsistenz" alltäglicher Sortierungen wohl weniger überwunden als vermehrt hat.

Beispiel
Wirtschaftssprache

Betrachten wir als ein Beispiel die Typologien der Wirtschaftssprache. Deren allgemeine Funktion wird von Markus Hundt (1995, 49) darin gesehen, dass auf der einen Seite diejenigen sprachlichen Phänomene, die sich auf ökonomische Sachverhalte beziehen, in ein abstraktes Gesamtmodell der Sprachvarietäten einzuordnen seien. Auf der anderen Seite werde die Wirtschaftssprache selbst einer Binnenstrukturierung unterzogen, d.h. es wird danach gefragt, worin sich die einzelnen innerfachlichen Wissensdomänen, Situationstypen und Textsorten innerhalb des Wirtschaftslebens voneinander unterscheiden.

Bereits im Prager Strukturalismus waren entsprechende Fragestellungen *induktiv*, also aus der empirischen Betrachtung der Textlandschaft heraus gewonnen worden. Mit dem Konzept der Funktionalstile wurden etwa bei Thomas Krejči (1941) unterschieden

- der Geschäftsbriefstil im Schriftverkehr der Unternehmung, also der Stil der Handelskorrespondenz,
- der theoretisch-wissenschaftliche Stil fachlicher Abhandlungen,
- der praktisch-belehrende, vermittelnde Stil von Lehrtexten,
- der Stil von Wirtschaftsdokumenten, etwa aus dem Bereich der Buchhaltung sowie
- der Stil fachbezogener Zeitungsartikel.

Im Gegensatz zu diesem (zweifellos vielversprechenden) induktiven Ansatz wird in vielen jüngeren Arbeiten das Ziel postuliert, ausgehend von einer übergeordneten Theorie der Fachsprachen eine vollständige, stabile und abstrakte Texttypologie für die Wirtschaftskommunikation zu entwickeln. Diese soll dann in einem zweiten Schritt mit der Realität abgeglichen werden, indem das Material auf empirische Vertreter der einzelnen Typen hin durchsucht wird. In Typologien dieser Art (Überblick: Hundt 1995) sind die Kategorien oft auffallend unterbestimmt, ihre Benennungen merkwürdig materialfremd. So wird – zum Beispiel – unterschieden zwischen

- fachinternen Texten, fachexternen Texten und Nicht-Fachtexten,
- wissenschaftlichen Texten, populärwissenschaftlichen Texten und praktisch-fachlichen Texten,
- Theoriesprache, Berufssprache und fachbezogener Umgangssprache oder
- Theoriesprachen und Institutionensprachen.

Solche Handlungstypologien, die nicht vom Material ausgehen, sind nahezu zwangsläufig dazu verdammt, an den Gegenständen der Praxis vorbeizureden (vgl. eine entsprechende Kritik bei Ayaß 2002, 158, im Blick auf Werbetexte).

Vor diesem Hintergrund werden Versuche verständlich, den Sprachgebrauch nach praxisnahen, volks- und/ oder betriebswirtschaftlichen Kategorien zu gliedern, z.B. nach

- den Institutionenfachsprachen der drei Sektoren (Hundt 1995),
- der Gliederung eines typischen Großunternehmens (Bolten 1992),
- einem Modell, wonach – mit weiterer Untergliederung – die Kommunikation einem Unternehmen unterschieden wird nach (1) Kommunikation entlang von Wertschöpfungsketten/ Geschäftsprozessen (mit den Aufgaben: Entwicklung und Konstruktion, Beschaffung und Bereitstellung, Produktion, Marketing, Distribution, Vertrieb), (2) Kommunikation im Rahmen unterstützender Aktivitäten (Personalwirtschaft, Organisation/ Kommunikation, Administration, Unternehmensinfrastruktur und Instandhaltung)

und (3) Kommunikation im Rahmen von Management-Aktivitäten (mit den Funktionen Planung, Steuerung und Kontrolle).

Solche Ansätze sind unmittelbar anschlussfähig an (bestimmte) Praxisperspektiven. Es besteht allerdings die Gefahr, dass hier durch eine Art „Linguistifizierung" die wirtschaftswissenschaftlichen Modelle bzw. die Perspektiven des Managements verdoppelt werden. Häufig resultieren aber kommunikative Probleme gerade aus der Spannung zwischen formalen Modellen der Organisation und der alltäglichen Kommunikationspraxis, wie sie sich in den Perspektiven von Mitarbeitern (Individuen, Gruppen) oder Kunden darstellt.

Brechen wir den exemplarischen Überblick zur Wirtschaftskommunikation an dieser Stelle ab. Es sollte schon jetzt hinreichend deutlich geworden sein, dass Texttypologien der beschriebenen Art zu einer gewissen Rat- und Orientierungslosigkeit führen können: Braucht die Welt noch eine weitere linguistische Texttypologie, wenn sich doch (wie es oft in studentischen Hausarbeiten heißt) die Linguisten bisher nicht auf einer der zahllosen vorliegenden verständigen konnten?

Vor diesem Hintergrund plädiert Kirsten Adamzik (2008) dafür, Texttypologien nicht als ein Sortierwerkzeug zu konzipieren, sondern als eine Folie, vor deren Hintergrund Texte unter den verschiedensten Aspekten linguistisch beschrieben werden können. Aber welche Beschreibung ist jeweils sinnvoll?

Vielleicht gibt es für das Unbehagen an den üblichen Texttypologien aber auch einen ganz anderen Grund: Wie wir in Kapitel 1 gesehen haben, sind all die „inhaltlichen" Bestandteile von Kommunikationsvollzügen, bereits durch die Kommunizierenden selbst etabliert (Performativität), bevor Wissenschaftlerinnen und Wissenschaftler daran gehen, sprachliches Handeln interpretierend zu analysieren; dies gilt auch für zentrale Kategorien der Texttypologie wie Textfunktion, Kommunikationsbereich, Themenentfaltungsmuster (Erzählen, Argumentieren etc.), Thementyp, Textwelt, Situation etc. (Überblick: Adamzik 2008). – Kommt es also nicht in der Kommunikationstypologie in erster Linie darauf an, das (seinerseits reflexive) in alltägliche Praxisvollzüge eingelassene Handlungs- und Kontextwissen der Beteiligten aufzunehmen und auf der Basis einer empirischen Rekonstruktion verstehend zu erklären (vgl. Luckmann 1985, 1986), und zwar im Wesentlichen in dieser Reihenfolge? Jedenfalls zeigen erfolgreiche wissenschaftliche Klassifikationsbemühungen, z.B. in der Chemie, „daß dem Erfolg jahrhundertelange Beobachtungserfahrungen und Ethnosystematisierungen vorausgegangen sind" (Ehlich 1986, 59). Dies dürfte für den Gegenstandsbereich der Kultur um so mehr gelten, als er nicht nur von außen, sondern bereits durch die Beteiligten selbst sinnhaft und empirisch nachvollziehbar geordnet wird.

Hier erweist es sich unter methodischen Gesichtspunkten als hilfreich, dass die Akteure, wie wir in Kapitel 2 gesehen haben, selbst über Verfahren und Mittel verfügen, die „reflexive" Rückbezüge und -verweise auf ihr Handeln ermöglichen (Performanz). Zu denken ist hier beispielsweise an Mittel expliziter Performativität, aber auch an die kommunikationstypologischen Kontextualisierungshinweise, die eine selbstreferentielle „Ausstellung" sprachlicher Interaktion im Vollzug gewährleisten.

3.3 Die Perspektive der Beteiligten

In diesem Sinne forderte Elisabeth Gülich (1986), anknüpfend an Untersuchungen zu Textklassifikationen in der Alltagssprache (Dimter 1981, vgl. auch Rolf 1993), für die Textsortenlinguistik eine konsequente Orientierung an denjenigen Erscheinungsformen, die von den Kommunizierenden in der alltäglichen Kommunikationspraxis auf der Basis bestimmter (Bündel von) Eigenschaften als unterschiedlich und unterscheidungsbedürftig behandelt und definiert werden. Textsorten und die jeweiligen Kriterien zu ihrer Differenzierung sind   Rekonstruktionslogik demnach keine wissenschaftlich vorgegebenen Kategorien, auch wenn wie in allen hermeneutischen Rekonstruktionen ein gewisses Vorverständnis des Analysierenden unvermeidlich zum Tragen kommt. Vielmehr kommt es darauf an, was die Beteiligten selbst als eine Art Textsorten behandeln und welche konzeptuellen Merkmale sie zur Unterscheidung heranziehen, erkennbar etwa dann, wenn sie in der Kommunikation über Probleme im Umgang mit Textsorten sprechen.

Eine solche methodologische Position ist durchaus umstritten. Soweit in empirischen Untersuchungen kommunikativer Gattungen davon abgesehen wird, vorgängig elaborierte Theorien zu entwickeln oder zu nutzen, drängt sich die Kritik auf, die Analysekategorien seien in unsystematischer Weise an den Phänomenen orientiert und entbehrten einer theoretisch hergeleiteten, konsistenten Bestimmung und Benennung der wesentlichen Bestandteile sprachlicher Kommunikation. Bei näherem Hinsehen zeigt sich allerdings, dass sich der systematische Charakter alltäglicher Sprachreflexion nicht durch eine Beschreibung der „Theorien" als Produkte erschließt, sondern nur durch einen Nachvollzug der alltäglichen sprachreflexiven Praktiken (vgl. Paul 1992). In dieser Hinsicht steht die kommunikationstypologische Forschung nach Jahrzehnten noch am Anfang.

Ein Beispiel: In jedem Kommunikationsprozess treten unvermeidlich „Störungen" auf, die durch die Beteiligten artikuliert und bearbeitet werden müssen. Diese Störungen sind häufig unspektakulär,   Störung harmlos und alltäglich, sie bringen den Verständigungsprozess voran. Ludwig Jäger (2004, 41) spricht in hermeneutischer Tradition von der Störung „als Produktivitätsprinzip sprachlicher Sinngenese". Gleichwohl veranlassen Störungen die Beteiligten dazu, den Handlungsvollzug durch kurze „Time-out-Phasen" zu unterbrechen und die Kommunikationssituation im Medium der Sprache lesbar zu machen. Dabei kommt es auch zu

> Äußerungen [...], die sich [...] auf die Zugehörigkeit sprachlicher Äußerungen zu Textsorten beziehen, [...] mit denen Vorstellungen, Erwartungen oder Annahmen bezüglich bestimmter Textsorten expliziert oder Kriterien zur Unterscheidung zwischen verschiedenen Textsorten thematisiert werden (Gülich 1986, 22).

In methodischer Hinsicht sind derartige alltägliche Typisierungen, Bewertungen und Kommentierungen „in situ" besonders aufschlussreich: Medien der Kommunikation, in unserem Beispiel Textsorten, werden hier durch die Beteiligten selbst sprachlich dargestellt, so kommen alltägliche Grundlagen des Verstehens ins Blickfeld.

Eine ähnliche Perspektive kann nun derjenige einnehmen, der die Rolle von Textsorten für die Textkonstitution im Sinne sozialwissenschaftlicher Hermeneutik verstehend erklären möchte. Er muss dann, aus methodischen Gründen, kontrafaktisch annehmen, dass Kommunikation grundsätzlich unwahrscheinlich und problematisch ist. So kommt ins Blickfeld, was Kommunizierende tun müssen, um Texte als solche erkennen, verstehen und anerkennen zu können. So geraten diverse Hinweise in den Blick, die der Leser oder Hörer bei der Textkonstitution wahrnimmt und auswertet.

Im Blick auf den Aspekt der Textsorte ist also zu fragen, anhand welcher Merkmale und Merkmalskombinationen Leser / Hörer Texte auf der Basis ihrer Kommunikationserfahrungen als Exemplare einer Textsorte wiedererkennen (und in bestimmten Situationen bezeichnen oder beschreiben).

Geht man dieser Frage nach, wird deutlich: Ähnlich wie auf den Feldern von Flora und Fauna kommen potentiell vielfältige phänomenale Merkmale für die Unterscheidung in Frage, seien es Typographie oder Textthema, Themenentfaltung oder Handlungsstruktur; auch mit Mustermischungen ist zu rechnen (vgl. Hausendorf & Kesselheim 2008, 171-185). Andererseits ist in der alltäglichen Kategorisierungspraxis nicht für jede Textsorte jedes Merkmal relevant, das in einer wissenschaftlichen Mehrebenen-Klassifikation erfasst werden kann. Je nach Textsorte treten also unterschiedliche Merkmale und Merkmalskombinationen in den Vordergrund.

3.4 Zum Beispiel: Die Werbeanzeige

Wie wir gesehen haben, werden Textsorten in der Textlinguistik aus guten Gründen als ein zentraler Gegenstandsbereich betrachtet. Der konkrete Sinn und Nutzen der (empirischen) Textsortenforschung hängt aber nicht nur von einer angemessenen Methodik ab, sondern auch von ihren typischen Gegenständen. Auch in dieser Hinsicht wird mitunter Unbehagen zum Ausdruck gebracht:

Betrachtet man die Gesamtheit der Arbeiten zu Textsorten, die in den letzten Jahrzehnten vorgelegt wurden, so muss man m.E. zu dem Schluss kommen, dass dabei vorrangig gerade die Textsorten ausgewählt wurden, deren Erforschung nur einen geringen allgemeineren Nutzen hat. [...] Bevorzugt und auch immer wieder behandelt wurden nämlich solche Texte, bei denen das Phänomen konventionalisierter Muster auf der Textebene besonders deutlich hervortritt. Das sind zumindest in Teilen hoch standardisierte Kleinformen wie Lebenslauf, Todesanzeige, Kochrezept oder auch wiederkehrende Brief(bestandteil)e. Da sie stark standardisiert sind, lassen sie sich relativ einfach beschreiben; schon ein kleines Korpus reicht aus, um auf ihre typischen Eigenschaften zu stoßen. Oft wäre es nicht einmal notwendig, überhaupt ein Korpus zu untersuchen, da die typischen Eigenschaften solcher Texte zum Alltagswissen von Muttersprachlern gehören. [...] Ein großer Bedarf an Erkenntnissen und auch didaktischen Anleitungen besteht dagegen im Bereich anspruchsvoller und längerer Texte, die sich nicht weitgehend aus einer Menge vorformulierter Versatzstücke zusammensetzen. (Adamzik 2001, 22f.)

Solche Texte sind ja hinsichtlich der Produktion und Interpretation besonders anspruchsvoll, so dass gerade hier eine Unterstützung durch wissenschaftliche Methoden und Erkenntnisse besonders relevant ist.

Ein Beispiel für eine Textklasse, die in dieser Hinsicht einen lohnenden Gegenstand darstellt, sind Werbetexte. Sie erweisen sich allerdings auch als besonders sperrig und anspruchsvoll, wenn es darum geht, sie unter textsortenlinguistischen Gesichtspunkten zu beschreiben. Ein Grund hierfür ist, dass ein Werbetext nur dann Aufmerksamkeit erregt, wenn er sich von anderen unterscheidet. Dies hat mit der schieren Menge und unspezifischen Adressierung von Werbetexten zu tun, aber auch mit Einstellungen des Publikums gegenüber dieser Textsorte (Werbetexte gelten vielen als lästig, unglaubwürdig etc.). Daher besteht in dieser Gattungsfamilie ein hoher Innovations- und Originalitätsdruck, zudem ein Anlass zu Verschleierung und Ablenkung (vgl. Stöckl 2007), was sich in immer neuen Abwandlungen, Montagen, Brüchen und Mischungen von Text- und Stilmustern niederschlägt (vgl. Fix 1997, Ayass 2002).

Mustermischung

Diese Beobachtung betrifft besonders die Ebene der Binnenstruktur, die sich im Fall von Werbetexten von Textexemplar zu Textexemplar zu Textexemplar erheblich unterscheiden kann, ohne dass mit einem bestimmten Set rekurrenter, immer (oder in der Regel) wiederkehrender Elemente gerechnet werden kann.

Können wir dennoch als Kommunizierende wissensbasiert erkennen, dass wir es bei einem bestimmten Text wieder mit einem Werbetext zu tun haben? Mit anderen Worten: Ist es überhaupt gerechtfertigt, Werbetexte als eine Textsorte – oder, im Blick auf die verschiedenen medialen Realisierungen, als Textsorten-/ Gattungsfamilie – anzusprechen (vgl. dazu Ayass 2002)?

Betrachten wir das Beispiel einer Werbeanzeige (vgl. Datum 9). – Von den Textbausteinen einer Werbeanzeige, wie sie in der Literatur beschrieben sind (Janich 2001), lässt sich im vorliegendem Fall nur das *Catch Visual* – ein aufmerksamkeitserheischendes Bild, zum Beispiel die Darstellung des Produkts in einer attraktiven Bildumgebung – leicht identifizieren: Dem Bildzweck, Aufmerksamkeit zu erheischen, dienen nämlich auf der Ebene des Bildinhalts bzw. der Bildgestaltung diverse

- emotionale Aktivierungselemente: sympathischer Gesichtsausdruck, Attraktivität, Natürlichkeit (Bildinhalt), die warme Farbgebung (Bildgestaltung),
- kognitive Irritationen: der Fetzen der Verpackung im Mundwinkel, auch als Ergebnis eines eher ungewöhnlichen Verhaltens (Bildinhalt), die betont legere Kleidung und Frisur des Models, die farbliche Irritation durch Monochromie von Vordergrund und Hintergrund (Bildgestaltung),
- eine für Werbung typische hohe Adressivität, die durch das Motiv (Bildinhalt) in Verbindung mit der Wahl von Perspektive und Einstellung (Bildgestaltung) erreicht wird: Der Betrachter steht der dargestellten Person sozusagen Auge in Auge gegenüber.

Nebenbei: Eine Klassifikation von Aktivierungselementen in der Werbung findet sich bei Willems & Kautt (2003). Unter den Begriff der Adressivität fasst Ayaß (2001, 160) diejenigen Präsentationselemente massenmedialer Kommunikation, „die den Adressaten explizit in die eigene Rede aufnehmen", also neben sprachlichen Anredeformen zum Beispiel auch die Inszenierung von Blickkontakt und körperlicher Hinwendung zum implizierten Kommunikationspartner.

Datum 9: „Natürlich nasch ich"

(Quelle: Werbeanzeige „Balisto")

Wie sieht es mit den anderen Textbausteinen von Werbeanzeigen aus?

Produktabbildung (Key Visual), Produktname und Logo – als wichtige Elemente der markenbezogenen Imagepolitik – sind unauffällig in das Catch Visual integriert. Auf die Markenidentität verweist in origineller Weise auch die Farbe des Catch Visuals, die einer der bekannten Farben des Balisto-Farbcodes entspricht. Ein Fließtext (Copy) fehlt, ebenso Kontaktinformationen und intermediale Querverweise, die durch Adressabilität (Willems & Kautt 2003) – also die Möglichkeit, mit dem Sender in Kontakt zu treten – Glaubwürdigkeit schaffen können.

Schlagzeile und Slogan fallen ausdrucksseitig in einem Element zusammen. So verweist der sprachliche (und schriftbasierte) Text am unteren Bildrand durch je angemessene Formulierungsmittel bzw. seine typographische Gestaltung auf beide Textkomponenten:

- als Schlagzeile (Headline) schafft er (in Verbindung mit dem Bild) Aufmerksamkeit: Der Irritation und Unterhaltung des Lesers dienen das Sprachspiel (beachten Sie die Mehrdeutigkeit des Ausdrucks *natürlich*) und die Inszenierung von umgangssprachlichem Stil (das Verb *naschen*, die „mündliche" Wortform *nasch*) bzw. informeller Typographie in einem öffentlichen Text (das Schriftbild erinnert an eine handschriftliche Notiz). Als emotionale Aktivierungselemente fungieren die Stilisierung von alltäglicher Nähe, die Dialogizität (der sprachliche Text ist der Figur, die den Betrachter adressiert, in den Mund gelegt) und die emotiven Konnotationen des Adjektivs *natürlich* (wobei alle drei Elemente homolog zur Gestaltung des Bildes sind),
- als Slogan fasst er die positiven Eigenschaften der Marke prägnant zusammen: ihre Qualität, die durch das Hochwertwort *natürlich* zum Ausdruck gebracht wird, und den Nutzen des Produkts, der in der Möglichkeit besteht, kulinarischen Genuss mit gesundheitsbewusster Orientierung zu verbinden. So ergeben sich durch die semantische und grammtische Mehrdeutigkeit von *natürlich* zunächst zwei Sätze (*selbstverständlich nasch ich, auf natürliche Art und Weise nasch ich*), die durch den Interpreten konditional (oder kausal) zu einer Gesamtbedeutung verknüpft werden können: ‚Wenn ich auf natürliche Art und Weise nasche (indem ich – siehe Bild – das Produkt Balisto esse), dann kann ich sagen, dass ich selbstverständlich nasche.'

Durch die beschriebenen Elemente der Binnenstruktur werden also wesentliche Teilfunktionen von Werbetexten erfüllt (vgl. Willems & Kautt 2003; Stöckl 2006): Zentrale Begriffe sind hier

- Aufmerksamkeit,
- Persuasion: Glaubwürdigkeit und Akzeptanz,
- Image,
- Anschaulichkeit (die man auch zur Persuasion rechnen kann),
- Erinnerung/ Gedächtnis,
- Verschleierung und Ablenkung (als Strategien, die eigene Glaubwürdigkeit nicht zu gefährden, ebenfalls Aspekte der Persuasion).

Die für Werbung zentrale Funktion der Überzeugung (Persuasion) wird dabei einerseits dezent, ohne explizites Warenlob oder direkte Kaufaufforderung, realisiert: Andererseits werden gleich mehrere Strategien der Persuasion (vgl. dazu Willems & Kautt 2003) – geradezu virtuos – miteinander kombiniert:

- die Inszenierung von Zeugnis und Bekenntnis,
- die bildliche Demonstration (nach dem Motto: „Seeing is believing"),
- die Erheischung von Sympathie,
- eine potenziell glaubwürdige, weil realistische und bescheidene Selbstdarstellung.

Dabei sind die verschiedenen Strategien in semantischer Hinsicht so verdichtet, dass der Text trotz seiner Polyfunktionalität als ein kohärentes Ganzes erscheint.

Welche Schlüsse können wir aus der exemplarischen Analyse eines Werbetextes im Blick auf das Problem der Typikalität von Texten ziehen, die *nicht* in hohem Maße formelhaft sind (vgl. zu formelhaften Texten Dausendschön-Gay u.a. 2007)?

Im Blick auf die Binnenstruktur haben wir es mit einem Text zu tun, der durch ein hohes Maß an Individualität und Kreativität gekennzeichnet ist. Dazu gehört auch, dass die Erwartungen des Lesers in verschiedener Hinsicht gebrochen werden, im vorliegenden Fall z.B. dadurch, dass in einem massenmedial-öffentlichen Text umgangssprachliche Wörter und Wortformen, ein an Handschrift erinnernder Schrifttyp (statt einer Druckschrift) oder ein betont leger gekleidetes und frisiertes Model erscheinen. Eine ganze Reihe von Textelementen, die als werbetypisch gelten, kommen in unserem Beispiel nicht vor, andere sind in origineller Weise mit Elementen kombiniert, die in vielen anderen Fällen als eigene Teilgestalten abgegrenzt sind.

Solche Brüche stehen aber nicht im Widerspruch zu einem Textsortenbezug (vgl. Fix 1997, Ayass 2002): Vielmehr kann eine derartige Variation geradezu als konstitutiv angesehen werden für *solche* Textsorten, die – aufgrund der Konkurrenz um Aufmerksamkeit – einem hohen Innovationsdruck unterliegen. In diesem Sinne gehört es zu den Charakteristika der Gattungsfamilie Werbung, dass sich der Gattungscharakter – aus guten Gründen – nicht auf der Ebene der Binnenstruktur festmachen lässt.

Innovation

Hier zeigt sich also erneut die Relevanz der methodischen Einsicht, dass in der alltäglichen Kategorisierungspraxis nicht für jede Textsorte jedes Merkmal relevant ist, das in einer wissenschaftlichen Mehrebenen-Klassifikation erfasst werden kann. Je nach Textsorte treten also unterschiedliche Merkmale und Merkmalskombinationen in den Vordergrund (vgl. Hausendorf & Kesselheim 2008, 171-185), und es kann sogar vorkommen, dass Typen von Merkmalen, die in anderen Fällen für eine Kategorisierung von Textsorten unverzichtbar sind, für eine Textsorte keine Relevanz besitzen.

Zur Vertiefung: Adamzik 2008; Soeffner 1986; Gruber u.a. 2006

4 Erweiterungen: Vom Text zum Diskurs

4.0 Am Anfang: Agenda und Impuls

Texte knüpfen in vielfältiger Weise an frühere Äußerungen anderer an, sie sind daher in Textnetzen miteinander verknüpft. Insoweit derartige Textnetze Themen von allgemeiner Relevanz betreffen, sich über die gesamte Gesellschaft erstrecken und die Gegenwart überdauern, spricht man – anknüpfend an eine von Michel Foucault angeregte, sozialhistorisch dimensionierte Theorietradition – von Diskursen. In Diskursen bringen Gesellschaften ein Wissen über relevante Themen hervor. Dieses Wissen wiederum ist verknüpft mit alltäglichen Wahrnehmungen, Deutungen und Empfindungen, es liegt dem Handeln gesellschaftlicher Akteure zugrunde und zeitigt so materielle Folgen. So wirkt Wissen, dessen Verbreitung und Geltung unvermeidlich durch Machtverhältnisse gestützt wird, festigend auf diese Machtverhältnisse zurück. An dieser Stelle können aber auch kritische Stimmen einen Anknüpfungspunkt finden.

Insofern Individuen das Repertoire ihrer Kommunikation aus Diskursen beziehen, werden sie, ohne es zu durchschauen, durch Sprache und andere Medien in das Wissen, die Wahrnehmungs- und Deutungsweisen, die Normen, Erwartungen und Handlungsmuster ihrer Kultur verstrickt. Wer eine Gesellschaft verstehen, in ihr reflektiert handeln und an ihrer Gestaltung mitwirken will, muss Diskurse – auf der Basis von Texten – analysieren können. In diesem Kapitel befassen wir uns mit

Lerninhalte

- dem vieldeutigen Fachausdruck *Diskurs*, seinen wissenschaftshistorischen Traditionen und – vor diesem Hintergrund – mit dem Diskursbegriff, der sich, anknüpfend an Foucault, in den Kulturwissenschaften und Teilen der Linguistik etabliert hat,
- komplexen Diskursordnungen, wie sie sich unter den Bedingungen soziokultureller Vielfalt (in einer Gesellschaft, in der globalen Gesellschaft) herausbilden und der Unterscheidung von Positionen und Stimmen verschiedener Akteure in einem Diskurs,
- dem Verhältnis zwischen Diskursen bzw. Fragmenten von Diskursen, Texten und Sammlungen von Texten (Textkorpora),
- den elementaren linguistischen Analysekategorien, auf die man im Rahmen einer diskursanalytischen Untersuchung von Textdaten zurückgreifen kann, besonders im Blick auf die sprachliche Darstellung gesellschaftlicher Sachverhalte,
- der „Kritischen Diskursanalyse" und den methodischen Fragen, die derartige Ansätze einer Textwissenschaft, die sich als kritische Sozialwissenschaft versteht, aufwerfen.

Impuls   Im Rahmen der Kampagne „Du bist Deutschland" (vgl. Holly 2007, 2009) war im Herbst 2005 auf Plakaten im öffentlichen Raum der folgende sprachliche Text – neben dem Bild eines jungen Mannes in einem Vogelkostüm – zu lesen:

Datum 10: „Du bist Günther Jauch"

Du bist Günther Jauch

Deine Zunge ist so scharf wie die von Harald Schmidt und als Baby hattest Du Haare wie Thomas Gottschalk? Du würdest gern in die Öffentlichkeit, aber leider dürfen heutzutage nur noch Top-Models vor die Kamera? Schon einmal gehört, was Günther Jauch von sich selbst denkt? „Ich bin dürr, meine Nase ist zu groß und ich bin voller Komplexe."
Auch für die Jobs vor der Kamera gilt: Qualität setzt sich am Ende durch. Also, verstecke Dich nicht weiter hinter irgendwelchen Ausreden.
Das hat der erfolgreichste Moderator Deutschlands nicht getan – und Du musst es auch nicht.

Du bist Deutschland [Logo der Kampagne]

Eine Aktion deutscher Medien im Rahmen der Initiative „Partner für Innovation"
www.du-bist-deutschland.de

(Quelle: Kampagne „Du bist Deutschland")

An welche Diskurse knüpft dieser Text an? Wie positionieren sich die Autoren des Textes in diesen Diskursen?

4.1 Annäherung an den Diskursbegriff

Wenn in der Linguistik von Diskurs die Rede ist, muss man zunächst klären, an welche fachliche Tradition der Sprecher jeweils anknüpft und welche Definition des vieldeutigen Fachausdrucks seiner Redeweise zugrunde liegt. Weil außerdem die verschiedenen Diskursbegriffe mehr oder weniger eng miteinander verwandt sind bzw. weil sie benachbarte oder ineinander greifende Untersuchungsgegenstände ins Blickfeld rücken, ist das Feld der Diskurstheorien, zumal für Neulinge im Fach, oft besonders unübersichtlich und verwirrend.

Traditionen der Diskurstheorie   Mindestens vier Traditionen sind in einer ersten Annäherung zu unterscheiden.

1. Aus der angloamerikanischen Linguistik stammen weite Diskursbegriffe (im Folgenden: Diskurs$_{LING}$), die darauf zielen, sprachliche Strukturen oberhalb der Satzebene, Einheiten zusammenhängender Rede in den Gegenstandsbereich der Linguistik einzubeziehen;

Strukturen oberhalb der Satzebene   entsprechend der Weiterentwicklung des Faches wird die Bezeichnung *Diskursanalyse* in dieser Tradition heute „weitgehend synonym verwendet für Textanalyse" (Bussmann ³2002, 172) in ihren verschie-

denen – textgrammatisch, handlungslogisch, an sozialwissenschaftlicher Hermeneutik etc. orientierten – Spielarten.

2. In Teilen der Literatur wird der Diskurs- vom Textbegriff in der
Weise abgegrenzt, dass unter Diskurs ausschließlich die (mündliche)
Interaktion verstanden wird, bei der Sprecher und Hörer *gleichzeitig*
präsent sind (vgl. z.b., in der Tradition der Funktionalen Pragmatik, Zifonun, Hoffmann & Strecker 1997, 161f.; im Folgenden: Dis-
kurs$_{KOPRÄS}$). Dies stellt insofern einen besonderen Fall von Kommunikation dar, als die Beteiligten ihre kommunikativen Aktivitäten hier
fortlaufend aufeinander abstimmen. So kann z.b. der aktuelle Sprecher die unmittelbaren Folgen seines Handelns bereits in der Sprechsituation ermessen (anhand von Hörersignalen bzw. Folgehandlun-
gen des anderen) und dies in seinem laufenden bzw. in seinem
nächsten Gesprächsbeitrag verarbeiten. Im Diskurs$_{KOPRÄS}$ kommen
über Sprache hinaus, je nach Kommunikationsform (z.b. Face-to-
face-Gespräch, Telefonat), spezifische andere Zeichenarten ins Spiel,
die an die Körperlichkeit der Anwesenden und einen in die Interaktion einbezogenen Wahrnehmungsraum gebunden sind (z.b. Blicke,
Mimik, Körperposition, Gestik, expressive Lautäußerungen wie La-
chen, Seufzen etc., prosodische Merkmale wie Lautstärke, Pausen,
Intonation etc.). Dagegen fallen in der schriftbasierten Kommunikation die Produktion und Rezeption der Äußerungen auseinander.
Diese „Zerdehnung" der Sprechsituation (Ehlich 1994) muss bei der
Gestaltung der Texte berücksichtigt werden; sie eröffnet zugleich, in
Verbindung mit der Schrift, andere sprachliche und kognitive Mög-
lichkeiten (denken sie zum Beispiel an komplizierte Satzkonstruktionen, tabellarische Überblicksdarstellungen u.v.m.).

3. In einer philosophischen Tradition versteht man unter Diskurs
die Erörterung eines strittigen Themas nach dem dialogischen Prinzip der vernünftigen Für- und Widerrede (Diskurs$_{RATIO}$). Welche Darstellung eines Sachverhalts (z.b. der aktuellen ökonomischen Lage)
im Ergebnis von den Beteiligten anerkannt und ihrer alltäglichen
Wahrnehmung der Wirklichkeit zugrunde gelegt wird bzw. welche
Handlungsweise als richtig und moralisch berechtigt gilt, soll – dem
Diskursideal entsprechend – allein von der Überzeugungskraft der
Argumente abhängen. Dies unterscheidet unsere Idealvorstellung
der Verständigung in privatem Alltag und bürgerlicher Öffentlichkeit
von jenen Mechanismen und Medien der Handlungskoordination,
wie sie andere Gesellschaftsbereiche kennzeichnen (z.B. Geld im
Funktionssystem der Wirtschaft) (vgl. Habermas 1981/ ⁴1987).

4. Das dialogische Prinzip wechselseitiger Bezugnahmen finden
wir nicht nur im kleinräumigen Rahmen eines Gesprächs (Diskurs-
$_{KOPRÄS}$), sondern auch in einem größeren gesellschaftlichen Zusammenhang (vgl. Kapitel 2.1 zum Phänomen der Intertextualität): Wer
spricht oder schreibt, knüpft in vielfältiger Weise an frühere Äußerungen anderer an, indem er sie erwähnt, zitiert, bearbeitet, nach-
ahmt etc. Umgekehrt wird das, worüber man reden und worauf man

*Kommunikation unter
Anwesenden*

rationaler Dialog

Repertoire an Themen
und Redeweisen

sich verstehbar beziehen kann, aus einem gesellschaftlichen Repertoire an Themen und Redeweisen gespeist (vgl. Knoblauch 2006).

Insoweit solche Textnetze a) Themen von allgemeiner Relevanz
betreffen, b) sich gleichsam über die gesamte Gesellschaft erstrecken
und c) die Gegenwart überdauern, spricht man – anknüpfend an eine
von Michel Foucault angeregte, sozialhistorisch dimensionierte Theorietradition – ebenfalls, in einem spezifischen Sinn, von Diskursen
(Diskurs$_{HIST,}$ vgl. z.B. die Beiträge in Keller u.a. 2001/ ^{2}2006). Aus-
schnitte derartiger Diskurse stellen öffentliche Debatten dar, in denen
verschiedene Autoren gleichsam in ein „Zeitgespräch" eintreten und
aktuelle Probleme mit politischer Relevanz debattieren (vgl. Hermanns 1995a). Inwieweit ein solcher Diskurs, etwa unter den Bedingungen eines kommerziell orientierten Mediensystems und gesellschaftlicher Ungleichheit, dem Ideal bürgerlicher Öffentlichkeit
(Diskurs$_{RATIO}$) entspricht, steht auf einem anderen Blatt. Faktisch
hängt die Chance, eine Position im Diskurs durchzusetzen, auch von
außerdiskursiven, materiellen Verhältnissen ab; diese werden umge-

Macht

kehrt durch die Macht im Diskurs und durch den Diskurs gefestigt.
Im Vergleich zum kleinräumigen Diskurs des Gesprächs (Diskurs$_{KO-PRÄS}$) ist außerdem zu bedenken, dass der weitaus größte Teil der
Kommunikationsteilnehmer an der öffentlichen Debatte, soweit sie
in den herkömmlichen Massenmedien (Presse, Hörfunk, Fernsehen)
stattfindet, nur in der Rolle des Lesers, Hörers und Zuschauers beteiligt ist und nicht als Autor öffentlich ausgestrahlter bzw. distribu-
ierter Beiträge. Allerdings lässt sich beobachten, dass im Anschluss
an medienöffentliche Texte, die aufgrund ihres Publikationsortes
eine hohe Aufmerksamkeit erlangen, gesellschaftliche Diskurse in
Gang kommen, die sich quer über die verschiedenen Gruppen und
Institutionen hinweg erstrecken und deren (längerfristige) Folgen
sich mitunter in den feinsten Verästelungen der beruflichen und
privaten Alltagskommunikation niederschlagen.

Wissen

Auf diese Weise bringt die Gesellschaft – im Diskurs$_{HIST}$ – ein geteiltes Wissen über gesellschaftlich relevante Themen hervor, genauer gesagt: sie trägt Wissen weiter, verändert es, entwickelt es weiter,
kommentiert es, verwirft oder bestätigt es etc. – Wissen existiert demnach in Abhängigkeit von den jeweiligen Kommunikationsverhältnissen. Das Wissen wiederum ist verknüpft mit alltäglichen Wahrnehmungen, Deutungen und Empfindungen, nicht zuletzt auch mit

Handlungen

diskursiven und nicht-diskursiven Handlungen und ihren materiellen Folgen (vgl. S. Jäger 2006). Beispielsweise besteht unter Umständen ein enger Zusammenhang zwischen vorherrschenden wirtschaftswissenschaftlichen Lehren und ihren Kernbegriffen (z.B.
rational vs. irrational), gesellschaftspolitischen Kampagnen und
Schlagwörtern, Managemententscheidungen, Entlohnungssyste-
men, betrieblichen Infrastrukturen, Einstellungen und Verhaltens-
orientierungen von Arbeitnehmern, Wahlentscheidungen etc.

So wirkt Wissen, dessen gesellschaftliche Verbreitung und Geltung unvermeidlich durch Machtverhältnisse gestützt wird, plausibilisierend und rechtfertigend auf diese Machtverhältnisse zurück: Für die Beteiligten und Betroffenen wird es in mehrfacher Hinsicht schwierig und heikel, unter Umständen sogar riskant, andere Auffassungen im Diskurs zu vertreten (S. Jäger 2006): Wer dazu gehören und ernst genommen, also in seinem subjektiven Selbstbild bestätigt **Identität** werden will, wer soziale Belohnungen erlangen und Bestrafungen vermeiden will, sieht sich mit der Erwartung konfrontiert, das in einer Gesellschaft (einer Gruppe, einer Organisation ...) für wahr, wirklich und richtig Gehaltene – zumindest augenscheinlich – zu akzeptieren. Mit den Themen des Diskurses werden also zugleich kollektive Identifikationsangebote und individuelle Identitäten verhandelt.

Auch wenn die soziale Wirklichkeit über den Diskurs hinausreicht, ist doch der herrschende Diskurs (die Ideologie), ein zentraler Be- **Ideologie** standteil und ein wesentlicher Machtfaktor der Gesellschaft, der einer eigenen, nicht von anderen Bereichen ableitbaren Logik folgt (vgl. in sozialtheoretischer Perspektive Fairclough 2003, 2006).

Insofern die individuellen Gesellschaftsmitglieder die Gewohnheiten und das Repertoire ihrer Kommunikation von Kindesbeinen an aus den Diskursen beziehen, werden sie, ohne es zu durchschauen, **Sozialisation** durch Sprache und andere Medien in das Wissen, die Wahrnehmungs- und Deutungsmuster, die Normen, Erwartungen und Handlungsmuster ihrer Kultur verstrickt (S. Jäger 2006).

Alles in allem kommt unter dem Diskursbegriff$_{HIST}$ ein komplexes Zusammenspiel ins Blickfeld, das verschiedene Dimensionen von Kommunikation, Kultur und Gesellschaft, ihre historische Gewordenheit und ihre gegenwärtige Struktur zueinander in Beziehung setzt (in Anlehnung an Foucault fassen manche Autoren diesen Gesamtzusammenhang unter dem Begriff Dispositiv, vgl. z.B. S. Jäger 2006):

- kommunikative Praktiken, soweit sie Themen von allgemeiner Relevanz betreffen und deren intertextuelle Vernetzung sich gleichsam über die gesamte Gesellschaft erstreckt: Worüber man in einer historischen Konstellation auch außerhalb spezieller Institutionen und Szenen reden kann, und was man darüber sagen kann,
- in Abhängigkeit von den jeweiligen Kommunikationsverhältnissen ein kollektiv geteiltes Wissen über gesellschaftlich relevante Themen, dessen Weitergabe, Veränderung, Weiterentwicklung, Bewertung, Kommentierung, Aufrechterhaltung, Verlust etc.,
- Sprache und andere Medien (z.B. Statistiken, Infografiken, Bilder, Filme), die Praktiken und Wissen in der Kommunikation für andere wahrnehmbar und verstehbar machen und damit im Sinne eines konventionellen Sagbarkeitsraumes oder diskursiven Spielfeldes (Link 2006, 420) ermöglichen,

- die auf kollektiv geteilten Bedeutungen, Wissensbeständen und Normen beruhenden alltäglichen Wahrnehmungen, Verstehensleistungen und Einstellungen (Emotionen, Bewertungen),
- die damit in Verbindung stehenden diskursiven und nicht-diskursiven Handlungen,
- deren (materiell manifestierte) Wirkungen und Produkte,
- in Abhängigkeit von den jeweiligen Kommunikationsverhältnissen kollektiv geteilte Normen und Erwartungen,
- gesellschaftliche Machtverhältnisse, wobei sich diskursive und außerdiskursive Faktoren wechselseitig stützen.

Sagbarkeitsräume mit Machteffekt

Stark abgekürzt formuliert handelt es sich bei Diskursen demnach um „Sagbarkeitsräume mit Machteffekt" (Link 2006, 48). Der Diskursforschung stellt sich damit die Aufgabe, theoretisch und empirisch fundierte Antworten auf die Frage zu geben,

> was (jeweils gültiges) Wissen überhaupt ist, wie jeweils gültiges Wissen zustandekommt, wie es weitergegeben wird, welche Funktion es für die Konstituierung von Subjekten und die Gestaltung von Gesellschaft hat und welche Auswirkungen dieses Wissen für die gesamte gesellschaftliche Entwicklung hat (S. Jäger 2006, 83).

Aufgabe

1. Welche politisch-historischen Themen stehen aktuell auf der Agenda des gesellschaftlichen Diskurses?
2. Sind Ihnen Wörter, Wendungen, visuelle Darstellungsweisen, typische Erzählmuster in Erinnerung geblieben, mit denen das jeweilige Thema üblicherweise dargestellt wird?
3. Welche politischen Positionen und Ziele werden durch die vorherrschenden Redeweisen legitimiert?

Je nach theoretischer Fundierung werden in den verschiedenen Richtungen der (Kritischen) Diskursanalyse unterschiedliche Aspekte des komplexen Gegenstandsbereichs bzw. Relationen zwischen diesen Aspekten fokussiert (semiotische Praktiken, Netzwerke von Texten, Strukturen sozialer Kognition, die Geschichte von Begriffen, gesellschaftliche Machtverhältnisse etc., vgl. zum Beispiel zur Kritischen Diskursanalyse Reisigl 2009, zur Historischen Semantik Busse & Teubert 1994).

4.2 Diskurse, Stimmen und Akteure

Soziokulturelle Vielfalt (in einer Gesellschaft, in der globalen Gesellschaft) bringt es mit sich, „daß jedes Wissen über einen Bereich des sozialen Lebens als ein spezifischer Diskurs neben einer Vielzahl koexistenter oder alternativ dazu vorstellbarer Diskurse konstituiert wird" (vgl. Fairclough 2006, 344). Genauer gesagt, lassen sich bereits innerhalb eines (herrschenden) Diskurses oftmals verschiedene Diskurspositionen, Stimmen oder Perspektiven unterscheiden (vgl. M. Jäger 1996; Fairclough 2003); Jürgen Link (2006, 420) weist darauf hin, dass sich unterschiedliche Positionen mitunter innerhalb des gleichen Kategoriensystems bewegen (z.b. eines Modells der Zusammenlegung von Arbeitslosen- und Sozialhilfe), wobei lediglich die Bewertungen vertauscht sind.

Stimmen

Insofern im Sinne der hier entwickelten Diskurstheorie kulturelle Diskurse bzw. Stimmen und soziale Standorte einander wechselseitig stützen, kann es im Rahmen der Diskursforschung sinnvoll erscheinen, kommunikative Äußerungen – als Teil sozialer Ereignisse (vgl. Fairclough 2003) – in ein sozioökonomisches Umfeld einzubetten, das über den Diskurs hinausreicht:

* Welche individuellen oder kollektiven Akteure (z.b. Organisationen, soziale Bewegungen ...) sind die sozialen Träger eines Diskurses bzw. einer Diskursposition?
* Welche institutionellen und technischen Infrastrukturen werden genutzt?
* Welche Adressaten sollen auf diesen Wegen erreicht werden? Etc.

Akteure

So lässt sich beispielsweise recherchieren, dass „hinter" der Kampagne „Du bist Deutschland" eine Initiative stand, „die unter der Ägide der Bertelsmann AG und deren damaligem Vorstandschef, Gunter Thielen, 24 große Medienunternehmen (auch die öffentlich-rechtlichen ARD und ZDF) zusammenführt" (Holly 2009, 155, auch zum indirekten Zusammenhang mit der „Agenda 2010"-Politik).

Im Unterschied zu einer strikt datengeleiteten, rekonstruktionslogischen Vorgehensweise, wie wir sie in den ersten drei Kapiteln des Buches kennengelernt haben, geht eine „Hintergrundrecherche" zum sozioökonomischen Umfeld unter Umständen über das hinaus, was die Autoren selbst z.b. in den Anzeigen der Kampagne mitteilen; sie geht möglicherweise auch über das hinaus, was (naive) Rezipienten der Kampagne wussten und über das Gemeinte hinaus mitverstehen konnten (vgl. von Polenz 1985/³2009). Dies stellt einerseits eine Stärke des Ansatzes dar, weil auf diese Weise die Reflexion der kommunikativen Praxis um sozioökonomische Dimensionen erweitert wird, die in der Alltagspraxis außerhalb des Blickfeldes liegen. Andererseits liegen hier aber auch besondere methodische Fallstricke.

Die Unterschiedlichkeit der Vorgehensweisen sollte aber auch nicht überbetont werden. Eine sorgfältige Analyse der sprachlich-medialen Daten ist auch für eine Analyse gesellschaftlicher Akteure insofern unverzichtbar, als nur anhand des (Gesamt-)Diskurses aufgezeigt werden kann,

* *dass* ein gesellschaftlicher Akteur tatsächlich in der kommunikativen Selbstverständigung der Gesellschaft in Erscheinung tritt,
* *wie* er seine Diskursposition verdeutlicht und
* *was* diese Diskursposition inhaltlich charakterisiert.

So wird bei näherer Betrachtung der Texte im Rahmen der Kampagne „Du bist Deutschland"

> rasch deutlich, dass Akzeptanz für Grundideen der umstrittenen „Agenda 2010-Politik" geschaffen werden sollte. [...] Der Zusammenhang mit der „Agenda 2010-Politik" war jedoch nicht explizit, man suchte im Gegenteil Abstand von allzu direkten parteipolitischen Bezügen [...] (Holly 2009, 155).

Positionierung: Analysefragen

Fragt man danach, wie sich eine derartige Diskursposition im Text selbst manifestiert, so kann mit Fairclough (2003) unter anderem untersucht werden,

- welche Diskurse bzw. Stimmen ein- und welche ausgeschlossen sind,
- wie ggf. andere, von der Diskursposition des Autors unterschiedene Stimmen formal eingebunden sind (z.B. durch wörtliches Zitieren entsprechender Texte oder durch typisierende Nachahmung) und
- wie die anderen Stimmen zur Stimme des Autors rhetorisch in Beziehung gesetzt sind (z.B. durch deren Darstellung im eigenen Recht und rationale Erörterung der für und gegen sie sprechenden Argumente oder durch verzerrende, abwertende Polemik).

So wird beispielsweise in Datum 10 als Identifikationsangebot an den Leser derjenige soziale Typus einbezogen, der wenig selbstbewusst ist und an seinen Fähigkeiten zweifelt. Dazu werden in der Inszenierung die Äußerungen eines fiktiven Gesprächspartners paraphrasiert, dessen stilisierte Stimme (wohl zu Unterhaltungszwecken) ins Komische und Absurde verfremdet ist (wer würde von sich selbst sagen, er habe als Kind „Haare wie Thomas Gottschalk" gehabt, und daraus eine Berufung für das Show-Geschäft ableiten?). Die Stimme des Autors zielt auf eine Entkräftung der demotivierenden Selbstzweifel, indem ein prominentes Gegenbeispiel ins Feld geführt wird (Günther Jauch, der trotz seiner Komplexe Erfolg hatte); außerdem vertraut der Text auf die suggestive Kraft der optimistischen Redensart, wonach „Qualität sich am Ende durchsetze". Ausgeschlossen bleiben Stimmen und Diskurse, in denen Erfahrungen von beruflichem Scheitern, Leid und Enttäuschung im Showgeschäft tradiert werden (z.B. in der Literatur oder Kunst) oder auch solche, die beruflichen Erfolg mit gesellschaftlichen „Beziehungen" in Verbindung bringen. So wird der Blick von gesellschaftlichen Rahmenbedingungen und ihrer politischen Beeinflussung weggelenkt, in den Fokus rücken der Einzelne und seine Einstellungen als Erfolgsfaktor. (In Abschnitt 5.3 werden wir sehen, wie bei dem Versuch, einen Gegendiskurs zu etablieren, das Verhältnis von Ein- und Ausgeschlossenem geradezu umgekehrt wird.)

Ein strenger empirischer Nachweis, dass die Äußerungen in Datum 10 tatsächlich im Sinne unseres Diskursbegriffs kommunikative

Praktiken repräsentieren, die zum Zeitpunkt ihrer Veröffentlichung Themen von allgemeiner Relevanz betrafen und deren intertextuelle Vernetzung sich gleichsam über die gesamte Gesellschaft erstreckte, ließe sich freilich nur anhand weiterer Daten in einem methodisch kontrollierten Textkorpus führen.

4.3 Diskurs und Text

Diskurse stellen, vereinfachend gesagt, virtuelle Mengen von Texten dar (vgl. Busse & Teubert 1994). Allerdings sind besonders Texte in den Massenmedien wie auch die Konversation im privaten Alltag dadurch charakterisiert, dass sich in ihnen Diskurse überschneiden, die ihrer Genese nach verschiedenen Wissensdomänen zugehörig sind (Link 2006, S. Jäger 2006).   Interdiskursivität

So greift Datum 10 nicht nur, wie wir gesehen haben, eine gesellschaftspolitische Debatte auf, die ihrerseits auf wirtschafts-und sozialwissenschaftlichen Erkenntnissen beruhte, sondern auch

- die Star-Geschichten der Regenbogen-Presse (was Günther Jauch über sich sagt),
- den Diskurs über nationale Identität (Du bist Deutschland),
- die Redeweisen des populärtherapeutischen Ratgeber- oder Coaching-Diskurses (Verstecke Dich nicht hinter Ausreden) und,
- dem Kampagnen-Charakter der Kommunikation entsprechend, das konventionelle Layout von Werbetexten und entsprechende Textbausteine (Logo, Slogan, Catch Visual etc.).

Solche Mischungen können freilich selbst musterhaft sein (z.B. für den Stil von *Social Marketing*-Kampagnen).

Will man nun das Material nicht wie einen Steinbruch behandeln, in dem sprachliche Fundstücke (z.B. Wörter) zusammengeklaubt werden, die aus ihren Zusammenhängen herausgelöst sind, wird man in jedem Fall aussagekräftige Textausschnitte einer ganzheitlichen Analyse unterziehen müssen. Erfahrungsgemäß treten allerdings oft schon bei der Analyse relativ weniger Texte wiederkehrende Muster zu Tage, die Aufschluss über (idealtypische) Elemente eines   Muster Diskurses geben können (vgl. S. Jäger 2006). Ergiebiger als eine vergleichsweise oberflächliche Analyse größerer Datenmengen ist daher häufig die sorgfältige Analyse einer kleineren Anzahl komplexerer Texte, wobei man zu allgemeineren Erkenntnissen nicht über den Weg der Quantifizierung, sondern den der Musterrekonstruktion und Typenbildung gelangt.

Dem Umstand, dass oft nur ein (unter Umständen kleiner) Teil eines Textes einem bestimmten Diskurs zugehörig ist, trägt der Terminus Diskursfragment Rechnung (vgl. S. Jäger 2006); Fragmente   Diskursfragment aus verschiedenen Diskurszusammenhängen sind in einem Text se-

Diskursstrang

Diskursebene

Dimensionen
des Sozialen:
Analysefragen

mantisch und (teilweise) grammatisch miteinander verknüpft (vgl.
Abschnitt 2.1) und oberhalb des Einzeltextes in Diskurssträngen in-
tertextuell miteinander verbunden. Dabei lassen sich verschiedene
Diskursebenen – vom fachlichen Spezialdiskurs über die Massenmedien bis zum privaten Alltag – und innerhalb der Ebenen verschiedene Sektoren (z.B. überregionale Presse, Boulevardzeitungen etc.)
unterscheiden (vgl. S. Jäger 2006).

Vor diesem Hintergrund erscheint es plausibel, einen Diskurs in
methodischer Hinsicht als (thematisch, zeitlich, räumlich, pragmatisch, texttypologisch etc. spezifiziertes) Textkorpus aufzufassen, das
es erlaubt, anhand intertextueller Beziehungen ein Netz von Diskursfragmenten zu einem Thema (und diversen Unternehmen) empirisch zu rekonstruieren.

Untersucht man Diskursfragmente bzw. Einzeltexte unter der Perspektive der Diskursanalyse, so erscheint es sinnvoll, die Herstellung
von Bedeutung mit Fairclough (2003) analytisch nach drei verschiedenen Dimensionen des Sozialen zu gliedern:

• in der Dimension der Repräsentation wird danach gefragt, wie der
  thematisierte Sachverhalt – z.B. in Datum 10 die beruflichen Karrierechancen im Show-Geschäft – sprachlich-medial dargestellt
  wird,
• in der Dimension der Identifikation geht es darum, wo sich der
  Autor durch das, was er tut, und durch die Art, wie er spricht, selbst
  positioniert und wie er die Beziehung zum Leser gestaltet: So wird
  z.B. in Datum 10 (durch die Verbindung von Du-Anrede, Inszenierung von Wohlwollen und erzieherischen Ansprüchen) ein pater-
  nalistischer Ton angeschlagen,
• in der Dimension des Handelns steht die Analyse dessen im Mittelpunkt, was der Autor kommunikativ tut, z.B. AUFFORDERN,
  MOTIVIEREN.

Auf der Ebene der im Korpus wiederkehrenden, musterhaften Praktiken kann man dementsprechend fragen (vgl. Fairclough 2003):

• in der Dimension der Repräsentation nach Diskursen (hier in einem engeren Sinne verstanden als *ways of representing*), durch die
  konventionell geregelt ist, was man über einen Sachverhalt sagen
  kann,
• in der Dimension der Identifikation nach Stilen (*ways of being*), die
  regeln, wo man sich durch kommunikatives Handeln gesellschaftlich positionieren kann,
• in der Dimension des Handelns nach Genres (*ways of doing*), musterhaften Lösungen komplexer kommunikativer Aufgaben (z.B.
  RATGEBER, WERBEANZEIGE etc., vgl. dazu unser Kapitel 3 über
  Textsorten).

Abbildung 2 stellt den Versuch dar, diese (hier vereinfachend dargestellten) Beziehungen zwischen Diskursen und Texten in einer tabellarischen Übersicht zusammenzufassen.

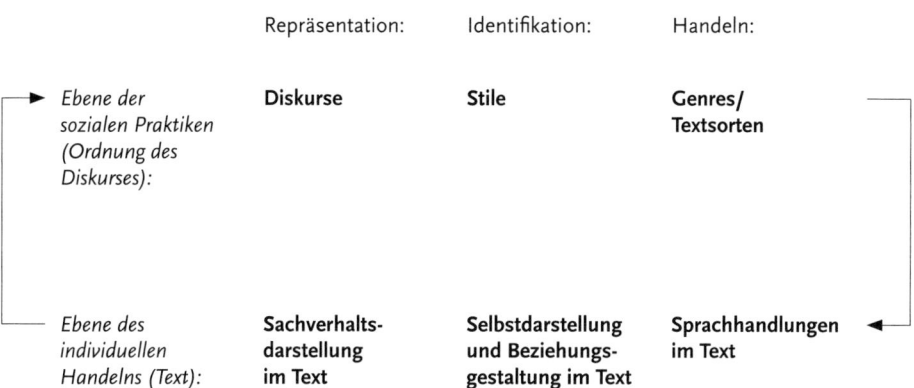

	Repräsentation:	Identifikation:	Handeln:
Ebene der sozialen Praktiken (Ordnung des Diskurses):	**Diskurse**	**Stile**	**Genres/ Textsorten**
Ebene des individuellen Handelns (Text):	**Sachverhalts- darstellung im Text**	**Selbstdarstellung und Beziehungs- gestaltung im Text**	**Sprachhandlungen im Text**

Abbildung 2: Diskurs und Text

(vgl. zu den Grundbegriffen die – hier vereinfachend dargestellte – Theorie von Fairclough 2003)

Während die konventionellen sozialen Praktiken das individuelle sprachlich-mediale Handeln ermöglichen und – im Sinne eines Sagbarkeitsraumes – normativ begrenzen (dargestellt durch den Pfeil rechts von oben nach unten), wird umgekehrt die Ordnung des Diskurses durch Texte hervorgebracht und – in einer historischen Phase – wiederholt reproduziert (Pfeil links von unten nach oben).

4. Auf welcher Ebene (soziale Praktiken, individuelles Handeln) beginnen gesellschaftliche Veränderungsprozesse? In welcher Weise kann eine (kritische) Diskursanalyse dazu beitragen? **Aufgabe**

Die Herstellung von Sinn in den verschiedenen Dimensionen des Sozialen (Repräsentation, Identifikation, Handeln) impliziert den Gebrauch entsprechender wahrnehmbarer und verstehbarer sprachlich-medialer Zeichen. Dieser ist seinerseits über weite Strecken durch Verfestigungen charakterisiert, die auch Teil entsprechender sozialer Praktiken (Diskurse, Stile, Textsorten) sind (vgl. Jung 2006, Link 2006). Man denke z.B. an

Medialität des Diskurses

- ein diskursspezifisches Repertoire an Wörtern, mit denen zentrale Gegenstände benannt und charakterisiert werden (z.B. *beruflicher Erfolg*),
- formelhafte Wendungen, die gesellschaftlich tradierte Deutungsmuster aktualisieren bzw. auf Handlungen und (stereotype) soziale Identitäten verweisen (z.B. *Qualität setzt sich durch*),

- konventionelle Metaphern, Allegorien, Vergleiche, Metonymien (z.b. das Bild des gesellschaftlichen Aufstiegs),
- musterhafte Narrationen (z.b. der „Vom Tellerwäscher zum-Millionär"-Mythos) und Argumentationsweisen (z.b. aus der Ratgeber- und Lebenshilfe-Literatur),
- visuelle Darstellungsmuster, durch die gesellschaftliches Wissen weitergegeben wird, z.b. Graphiken, Wachstumskurven, Alterspyramiden, Rankings etc. (Link 2006, 409).

Topoi

Kollektivsymbolik

Ausdrucksseitig verfestigte diskurssemantische Positionierungen werden auch als Topoi (vgl. Knobloch 2006)bzw. – weit über das Sprachliche hinaus – unter dem Begriff der Kollektivsymbolik (Link 2006) gefasst.

Allerdings ist zu bedenken, dass im Blick auf die Möglichkeiten, eine bestimmte inhaltliche Diskursposition durch Zeichenhandeln anzuzeigen, mitunter eine erhebliche sprachlich-mediale Variabilität zu beobachten ist. Daher steht bei der Rekonstruktion eines Diskurses oft der immaterielle Zusammenhang (Bedeutungen, Wissen etc.) im Fokus des Interesses (vgl. S. Jäger 2006). Dieser kann freilich nur anhand der (verschiedenartigen) sprachlich-medialen Repräsentationsweisen empirisch erfasst werden, und gerade hier kann die linguistische Diskursanalyse einen spezifischen Beitrag leisten.

4.4 Repräsentation von Sachverhalten im Diskurs

Bei der Analyse eines Diskurses (bzw. der Stimmen in einem Diskurs) gilt ein besonderes Interesse den wiederkehrenden, musterhaften Praktiken in der Dimension der Repräsentation: Wie wird der thematisierte Sachverhalt bzw. Sachzusammenhang der sozialen Welt sprachlich-medial dargestellt? Dabei verfährt jeder Diskurs, jede musterhafte Repräsentationsweise, vor dem Hintergrund der gesamtgesellschaftlichen Diskursordnung immer auch ausschließend, denn nicht alle Aspekte eines Sachverhalts, über die eine Gesellschaft, ihre Gruppen und Institutionen insgesamt als Wissen verfügen, können in *einem* Diskurs tradiert werden; zudem – und darauf kommt es der Kritischen Diskursanalyse an – ist jede Darstellungsweise perspektiven- und interessengeleitet, an die soziokulturelle Position eines gesellschaftlichen Akteurs gebunden.

So sind in Diskursen, durch die Relation von Einbeziehen und Verschweigen, immer auch die „Grenzen der durch sie abgesteckten Sag- und Machbarkeitsfelder" markiert (S. Jäger 2006, 85).

Sachverhaltsdarstellung: Analysefragen

Analysiert man einen Diskurs in der Dimension der Repräsentation, so können sich – je nach Datenlage – folgende Fragen als aufschlussreich erweisen (vgl. Fairclough 2003, zur Kampagne „Du bist Deutschland" Holly 2007, 2009):

- Welche Elemente des gesellschaftlichen Wissens (bzw. der gesamtgesellschaftlichen Diskursordnung) sind ein-, welche ausgeschlossen, welche sind besonders hervorgehoben? So bringt zum Beispiel
der Diskurs über berufliche Karrierechancen, wie ihn Datum 10
exemplarisch repräsentiert, individuelle Voraussetzungen (Talen-
te, Erscheinungsbild etc.) als relevante Faktoren ins Blickfeld und
hebt besonders den Faktor der mentalen Einstellungen hervor (Zu-
versicht und Leistungsbereitschaft trotz Komplexen), während soziale Rahmenbedingungen ebenso ausgeblendet bleiben wie die
Erfahrung, dass individuelle Leistung und sozialer Erfolg keineswegs immer zusammenfallen. Indem damit der Einzelne als seines Glückes Schmied in den Fokus rückt, werden Erwartungen an
die Solidargemeinschaft zurückgestuft; an deren Stelle wird zur
Stiftung symbolischer „Einigkeit" (vgl. Habscheid & Knobloch
2007) durch eine spezifische interdiskursive Verknüpfung eine vor
dem Hintergrund der historischen Erfahrung entschärfte Form
von Nationalismus („Soft-Nationalismus") gesetzt (vgl. Holly
2009).
- Wie konkret/ abstrakt ist der soziale Sachverhalt dargestellt? So
geht es z.B., wenn in Datum 10 von „Qualität" die Rede ist, die sich
am Ende durchsetzt, nicht unbedingt um jede einzelne Person, die
eine Leistung von hoher Qualität abliefert. Vielmehr bliebe die
Aussage – als eine abstrakte, auf langfristige Entwicklungen („am
Ende") gerichtete – auch dann noch wahr, wenn es etwa einen
Trend gäbe, wonach hochwertige (populär-)kulturelle Schöpfun-
gen mit der Zeit gesellschaftlich Akzeptanz finden. Auch hier blen-
det der Diskurs tendenziell aus, dass Einzelne, gerade im Showgeschäft, trotz Talent und Leistungsbereitschaft beruflich scheitern
können. Diese Einsicht könnte nicht nur demotivierend wirken,
sie ließe auch für den Fall des individuellen Scheiterns Erwartungen an eine Solidargemeinschaft ethisch angemessen und politisch vernünftig erscheinen, die der Diskurs programmatisch in
den Hintergrund rückt.
- Wie werden die beteiligten Menschen dargestellt (mit ihren individuellen Eigennamen oder als soziale Typen; als Personen oder
als Strukturen bzw. Prozesse; als aktiv Handelnde oder als passiv
Betroffene etc.)? So wird in Datum 10 Günther Jauch, dem Star-
Diskurs entsprechend, zur Personalisierung des Identifikationsan-
gebots genutzt, während der anonyme, generische Adressat des
öffentlichen Diskurses auf der Basis eines sozialen Stereotyps einbezogen wird: der Mensch, dem es an Selbstbewusstsein mangelt
und der *dadurch* Gefahr läuft, zum Verlierer zu werden. In dem
bereits erwähnten Formulierungsmuster, wonach sich Qualität am
Ende durchsetzt, sind die Einzelschicksale gleichsam gesamtgesellschaftlichen Prozessen einverleibt und so zum Verschwinden
gebracht. Gleichzeitig wird den Adressaten suggeriert, dass ihre
Karrierechancen vor allem von ihrem je individuellen Handeln und

noch mehr von ihren Einstellungen und psychischen Bewälti-
gungsstrategien abhängen.

• Gibt es auffällige Formen „uneigentlichen", nicht-wörtlichen
Sprechens? Wie lässt sich ihre Bedeutung beschreiben? Sind mit
der Wahl solcher Formulierungen rhetorische Darstellungsstra-
tegien verbunden? Hier ist in Datum 10 nochmals die Formulierung *Qualität setzt sich am Ende durch.* zu nennen, bei der als
grammatisches Subjekt eines Handlungsverbs (*sich durchsetzen*)
nicht die Bezeichnung für eine handelnde Person steht (*ein Kan-
didat/ Wettbewerber etc. setzt sich durch*), sondern die einer abstrakten Eigenschaft (*Qualität*), die, streng genommen, gar keine
Handlungen ausführen kann. In dieser Verwendungsweise des
Verbs wird ein abstrakter Vorgang metaphorisch in Analogie zu
einer Handlung dargestellt. Bei näherer Betrachtung wird darüber hinaus deutlich, dass schon das Handlungsverb *sich durchsetzen* gar nicht nur eine Handlung bezeichnet, sondern bereits
den Erfolg des Handelns einschließt, der freilich letztlich außerhalb des individuellen Wirkungshorizontes liegt. Auf diese Weise lässt die Formulierung die analytisch präzisere Differenz zwischen (eigener) Leistung und (sozialem) Erfolg verschwimmen.
Im Sinne einer rhetorischen Strategie scheint dies insofern nur
folgerichtig, als auf der Basis eben dieser Unterscheidung Einwände gegen die einseitige Fokussierung individueller Erfolgs-
faktoren formuliert werden könnten.

Eine andere auffällige Formulierung ist diejenige, die der ganzen
Kampagne den Titel gab: *Du bist Deutschland.* Hier führt die
schlichte grammatische Identifikation von Individuum (dem indi-
vidualisierten Adressaten) und Kollektiv (die Bezeichnung des Lan-
des als Synonym für die Nation) zu einer Vagheit, die unterschiedliche Lesarten erlaubt, etwa 1. die Rückführung der (abstrakten)
Gesellschaft auf eine Summe von (konkreten) Einzelnen, die damit
verpflichtet werden sollen, Leistungserwartungen primär an sich
selbst zu richten; 2. eine (ideologisch hoch belastete) Vereinnah-
mung des Einzelnen durch das Ganze, damit eine Herabstufung
oder gar Negierung individueller Interessen und Perspektiven zugunsten des emotional besetzten Kollektivs. Dabei lassen sich auch
beide Lesarten der mehrdeutigen, schillernden Konstruktion als
verdichtete Gesamtbotschaft verstehen:

> „Statt der der traditionellen Trias von Freiheit, Gleichheit, Brüderlich-
> keit, die in Varianten immer noch die Programme der Volksparteien
> prägt, heißen jetzt die (unausgesprochenen) Leitwerte: Gemeinschaft
> (als emotionale Ressource), Selbstbewusstsein (ungeachtet von sozialen
> Unterschieden), Unabhängigkeit (gegründet auf eigene Leistungs-
> kraft)" (Holly 2009, 173).

Es liegt auf der Hand, dass solche Analysen, die hier im Duktus in-
terpretierender Paraphrasen dargestellt wurden, mit Hilfe eines ter-

minologischen Instrumentariums sprachwissenschaftlich noch weiter präzisiert und verfeinert werden können.

Exkurs: Satzsemantische Präzisierungen

Ein solcher Anspruch macht es erforderlich, in die Diskurslinguistik neben Konzepten der Textforschung (z.b. aus Genretheorie, Argumentationstheorie und Erzählforschung) auch Theorien einer soziopragmatisch fundierten Wort- und Satzsemantik einschließlich grammatischer Kategoriensysteme einzubeziehen. Dies sprengt den Rahmen des vorliegenden Bandes, jedoch sollen (besonders für Leserinnen und Leser mit entsprechenden Vorkenntnissen) durch einige Eckpunkte Anschlussstellen zu anderen Themenbereichen der Sprachwissenschaft zumindest skizziert werden.

Für bestimmte Zwecke (z.b. der allgemeinen Sprachtheorie oder der linguistischen Datenverarbeitung) ist es nützlich, Aussagen formal zu modellieren bzw. sie mit Hilfe so genannter Wahrheitswertbedingungen logisch zueinander in Beziehung zu setzen. Für die Analyse authentischer Kommunikationsereignisse sind derartige Modelle jedoch nur bedingt tauglich, da „Menschen [...] offenbar zu verwickelten Gedankengängen fähig" sind, „die die traditionelle Logik schlicht nicht erklären kann"; es spricht daher vieles dafür, im Rahmen der Diskursanalyse primär auf „sozialwissenschaftlich plausible" Modelle zu setzen (vgl. de Beaugrande & Dressler 1981, 99). Diese haben zudem den Vorzug, weitgehend mit normalsprachlichen Mitteln darstellbar zu sein, was eine Vermittlung der gesellschaftlich relevanten (Diskurs-)Analysen über den Kreis der Experten hinaus ermöglicht (vgl. von Polenz 1985/ ³2009, 6off.).

Die „Deutsche Satzsemantik" von Peter von Polenz (1985/ ³2009) stellt einen solchen Ansatz dar, insofern (nur ansatzweise formalisierte) Begriffe der Prädikatenlogik und Traditionen der Semantik-/ Grammatikforschung mit Positionen der linguistischen Pragmatik und Mikrosoziologie kombiniert werden. Wir wollen im Folgenden einige Eckpunkte dieses Ansatzes vorstellen, die für analytische Präzisierungen im Rahmen einer *linguistischen* Diskursanalyse besonders nützlich sein können.

Die meisten Satzinhalte, die kommunikativ geäußert werden, haben neben ihrem pragmatischen Gehalt/ Handlungsgehalt einen Aussagegehalt, der sich – in Begriffen, die aus der Prädikatenlogik   Aussagegehalt
entlehnt sind – zusammensetzt aus

- einem Prädikat/ Aussagekern,
- einem oder mehreren Referenz-/ Bezugsobjekten,
- den Quantifizierungen dieser Bezugsobjekt und
- möglichen semantischen Satzverknüpfungen.

Prädikat und Prädikatsausdruck. Im Zentrum einer Aussage steht
Prädikat   das Prädikat oder der Aussagekern, von diesem hängen nach Zahl
und Art bestimmte Bezugsstellen ab. So ist z.B. das Prädikat SICH
DURCHSETZEN zweiwertig (Wer oder was? Wem gegenüber?). Je
nach Kontext können Bezugsstellen gemeint, andere, aktuell irrele-
vante ausgeblendet sein (semantische vs. kontextsemantische Stellen-
zahl).

Vom Prädikat, einer Komponente der Satzbedeutung, und seinen
Prädikatsausdruck   Bezugsstellen ist der Prädikatsausdruck (z.B. ein Verb der deutschen
Sprache) mit seinen syntaktischen Ergänzungen zu unterscheiden.
So eröffnet das Verb *sich durchsetzen* eine Leerstelle für eine Ergänzung im Nominativ (Subjekt) und eine präpositionale Ergänzung (mit
gegenüber + Dativ oder *gegen* + Akkusativ). Ergänzungen können, je
nach Kontext, ausgedrückt oder weggelassen werden (syntaktische
Valenz vs. syntaktische Valenz-Realisierung). So wird in der Redensart *Qualität setzt sich durch.* die Valenzstelle des Präpositionalobjekts
konventionell nicht besetzt, da das Wissenselement auch ohne seine
Bezeichnung mitzuverstehen ist: Auf der Basis unseres Wissens können wir ohne große Mühe erschließen, wogegen (hohe) „Qualität"
sich – der Redensart nach – durchsetzt, nämlich gegen Leistungen
oder Hervorbringungen, die in der Perspektive des Publikums von
geringem Wert oder ohne Wert sind.

Nach ihrer ausdrucksseitigen, syntaktischen Realisierung können
Prädikate unterschieden werden in

- Hauptprädikate, die z.B. durch Verben und Nominalprädikate in
  Hauptsätzen ausgedrückt sind: *Qualität setzt sich am Ende durch;
  ich bin dürr,*
- Zusatzprädikate als Elemente freier Angaben und Attribute: *Qua-
  lität setzt sich am Ende durch; das hat der erfolgreichste Moderator
  Deutschlands nicht getan,*
- Bezugsprädikate, die durch Ausdrücke realisiert werden, mit de-
  nen gleichzeitig auf etwas Bezug genommen (referiert) und etwas
  darüber ausgesagt (prädiziert) wird: *Heutzutage dürfen nur noch
  Topmodels* (= die x, die Topmodels sind) *vor die Kamera.*

Referenz. Möglichkeiten der Bezugnahme sind das nicht-sprachliche,
gestische Zeigen, der Gebrauch von Zeigwörtern (*Du bist Deutschland*), die Referenz durch Eigennamen (*Günther Jauch*), die neben der
Benennung eine genaue Identifizierung des Bezugsobjekts ermöglichen, die Bezugnahme durch Gattungsbezeichnungen (*Moderator*),
Referenz   oft mit kennzeichnenden Attributen als Identifizierungshilfen (*der
erfolgreichste Moderator Deutschlands*).

Zu beachten ist, dass mit Gattungsbezeichnungen, auch dann,
wenn sie primär als Mittel der Bezugnahme gebraucht werden, zugleich eine Prädikation ausgedrückt wird, insofern das Bezugsobjekt
nicht nur benannt, sondern auch charakterisiert wird: So lässt sich

z.B. der nominale Ausdruck *Topmodels* paraphrasieren mit *die x, die Topmodels sind.*

In semantischer Hinsicht lassen sich Prädikate und Bezugsstellen nach Klassen ordnen. So kann man fünf elementare Klassen von Prädikaten unterscheiden: Prädikatsklassen

- Handlungsprädikate, z.B. SICH ANSTRENGEN
- Vorgangsprädikate, z.B. AUFSTEIGEN
- Zustandsprädikate, z.B. AUFGEREGT SEIN
- Eigenschaftsprädikate, z.B. GROSS SEIN
- Gattungsprädikate, z.B. MODERATOR SEIN.

Während Handlungen zielgerichtet durch Menschen ausgeführt werden, vollziehen sich Vorgänge davon unabhängig an Lebewesen, Sachen oder Abstraktbegriffen. Unter Zustandsprädikaten versteht man Aussagen über veränderliche Merkmale von Lebewesen, Sachen oder Abstraktbegriffen (von Polenz 1985/ ³2009, 162f.), dagegen sind Eigenschaften grundsätzlich unveränderlich. Gattungsprädikate fassen Klassen von Lebewesen, Sachen oder Abstraktbegriffen aufgrund bestimmter Merkmale in einer Kategorie zusammen. Manche Prädikatsausdrücke können – je nach Kontext – mehreren Prädikatsklassen zugeordnet werden (vgl. oben zu *sich durchsetzen* als Handlungs- bzw. Vorgangsprädikat).

Klassen von Bezugsstellen sind z.B. AGENS/ HANDELNDER   Klassen von
(AG) und CONTRAAGENS/ INTERAKTIONSPARTNER (CAG). Da-   Bezugsstellen
bei sind bestimmte semantische Rollen an bestimmte Prädikatsklassen gebunden, zum Beispiel semantische Rollen wie AGENS oder CONTRAAGENS an Handlungsprädikate. Daraus ergeben sich satzsemantische Aussagerahmen, z.B. für das Handlungsprädikat SICH DURCHSETZEN der Aussagerahmen HANDLUNG (AG, CAG). Die syntaktische Entsprechung zu diesen Bedeutungsstrukturen sind Satzbaupläne, wobei allerdings keine isomorphe Relation vorliegen muss.

Vor diesem Hintergrund lässt sich etwa die Formulierung *Qualität*   Subjektschub
setzt sich durch. präziser analysieren. Konstruktionen dieses Typs bezeichnet von Polenz als „Subjektschub", da hier in die Subjektstelle eines HANDLUNGS-Verbs die Bezeichnung einer dafür nicht vorgesehenen Bezugsstelle „geschoben" ist, wie zum Beispiel auch in den folgenden Sätzen:

Die Verhältnisse zwingen uns ...
Das Programm weist uns den Weg.
Der Wohlstand verführt uns dazu, ...

Es handelt sich hier jeweils um Handlungsprädikate (ZWINGEN, DEN WEG WEISEN, VERFÜHREN), so dass nach dem Aussagerahmen eine AGENS-Rolle vorgesehen ist (*Wer* zwingt, weist den Weg, verführt?). An die Stelle einer AGENS-Bezeichnung (in der syntaktischen Funktion des Subjekts) ist jedoch die Bezeichnung für etwas geschoben, das nach unserem Wissen kein Handelnder sein kann: Verhältnisse, ein Programm, der Wohlstand. Solche Formulierungen können sprachkritisch brisant sein: Möglicherweise werden Verantwortliche ausgeblendet, und Ereignisse, die von Handelnden verursacht werden, erscheinen in der sprachlichen Darstellung anonym bzw. als nicht zu beeinflussendes, unabwendbares Schicksal (Deagentivierung).

Im Fall der Formulierung *Qualität setzt sich durch.* liegt das Problem darin, dass das Schicksal des Einzelnen gleichsam einem gesamtgesellschaftlichen Prozess einverleibt und so zum Verschwinden gebracht wird.

Bedeutungen können also übertragen und verschoben werden. Die Formulierung *Du bist Deutschland* irritiert, weil dort, wo üblicherweise in der Aussage über ein Individuum eine Eigenschaft / ein Zustand (*deutsch sein*) oder eine Zugehörigkeit (*Deutscher/ Deutsche sein*) ausgesagt wird, der Eigenname eines Kollektivs steht, was eine wörtliche Lesart ausschließt. Wie genau bei einer metonymischen Interpretation (auf Grundlage der Teil-Ganzes-Relation) der Zusammenhang zwischen dem Einzelnen und dem Kollektiv semantisch (und pragmatisch, im Blick auf das Wollen des Autors und das Sollen des Lesers, vgl. Hermanns 1995) zu spezifizieren ist, lässt der Text an dieser Stelle offen.

Versucht man, ausgehend von einer Beschreibung einzelner Satzinhalte zur Repräsentation der gesamten Textbedeutung zu gelangen, muss man berücksichtigen, dass die Bedeutung eines Textes nicht mit der Summe des – Satz für Satz – sprachlich Bedeuteten zusammenfällt. Erstens umfasst der Sinn einer Äußerung mehr als das Gesagte, das in der Kommunikation – wie wir gesehen haben – mit Wissen „angereichert" wird (vgl. Kapitel 2.3). Zweitens kann der Textsinn in einer Weise wiedergegeben werden, die den Schluss nahe legt, dass das Verstandene in gewisser Weise weniger ist als eine lange Liste von Propositionen, nämlich eine Art „verdichtetes", mentales Resümee (van Dijk 1980).

4.5 Methodenprobleme

Betreibt man Diskursforschung im Sinne einer „angewandten" Sprach- und Sozialwissenschaft, sieht man sich mit einer Reihe methodischer Fragen und Probleme konfrontiert (vgl. auch Habscheid 2009, Reisigl 2009).

Gegenstand   *Bestimmung des Gegenstands.* Zunächst drängt sich die Frage auf, welche Relevanz der Untersuchung eines bestimmten Diskurses zukommt, wer – die fachwissenschaftliche Community ausgenommen – ein wie auch immer geartetes (praktisches, politisch-ideologisches, philosophisches, ästhetisches) Interesse an der Analyse eines bestimmten Diskurses haben könnte. Daraus kann man folgern, dass der thematische Fokus einer Diskursanalyse zu Beginn vor einem spezifischen Problemhintergrund festzulegen und als eine Art Suchanweisung an das Textkorpus heranzutragen ist, um überhaupt erst die einschlägigen Diskursfragmente zu gewinnen. Auf diese Weise sollen weiträumige, wirkmächtige „Kommunikationsverhältnisse" in Geschichte oder Gegenwart ins Blickfeld kommen, denen ein gesellschaftliches Interesse gilt.

Mit einem solchen Vorgehen ist allerdings die große Gefahr verbunden, dass das Datenkorpus als eine Art Steinbruch genutzt wird, um „Belege" für Thesen zu gewinnen, die bereits vor der empirischen Untersuchung feststanden. Dementsprechend monieren Kritiker des Ansatzes, dass derartige Diskursanalysen die sprachlichen Daten, die Aufschluss über Kommunikationsgewohnheiten und Wissen der Beteiligten erlauben würden, nicht hinreichend zum Sprechen bringen, sondern im schlimmsten Fall so „hinbiegen", dass sie mit den eigenen Perspektiven und Interessen des Forschers zur Deckung kommen. So können etwa Untersuchungen, die sich vorab auf einen „kritischen" Standpunkt festlegen, im Ergebnis „empirisch leer" erscheinen (Latour 2005/ 2007, 430).

Zirkularität

Der alternative Ansatz betont folglich weniger den theoretischen und terminologischen Ausgangspunkt, sondern folgt auf dem unsicheren Grund der Daten „den Wegen der Akteure und [...] den Spuren", die ihre Praxis der Bildung und Auflösung von Ordnungsstrukturen, z. B. Kategorisierungen des sprachlichen Handelns, hinterlässt (Latour 2005/2007: 53). Bei einem solchen Vorgehen liegt die große Herausforderung darin, aus der Untersuchung des Datenmaterials – etwa durch die Bestimmung von Mustern, die auf einer abstrakteren Ebene wiederkehren (vgl. Kapitel 3) – allgemeinere Ordnungsstrukturen zu identifizieren und so zu vermeiden, dass die Untersuchung in zahllose, nicht aufeinander beziehbare Detailbeobachtungen auseinanderfällt:

> Während das diskursdeduktive Verfahren von diskursiven Formationen ausgeht, von Themen oder Wissensbeständen, und nach den Spuren in Einzeltexten bzw. Einzelaussagen sucht, meidet das diskursinduktive Verfahren das damit einhergehende Problem der analytischen Vorstrukturierung durch thematische Vorgaben, indem es von Textkomplexen ausgeht, deren thematische und funktionale Bezüge erst aus der Einzelanalyse erschlossen werden. In diskursinduktiven Verfahren begibt man sich jedoch auch in eine Gefahr, in die Gefahr disparater Ergebnisse, denen eine erkennbare analytische Perspektive fehlt. (Warnke & Spitzmüller 2008: 17)

Wer sich im Rahmen der Diskursforschung für einen (auch) diskursdeduktiven Weg entscheidet, wird besonders darauf achten müssen, dass bei der Untersuchung von Diskursfragmenten deren Texthaftigkeit und deren jeweilige Einbindung in größere Textzusammenhänge nicht aus dem Blickfeld gerät. Durch eine systematisch in der

Eklektizismus

Vernachlässigung
der Mikroebene

Texttheorie gründende Analysemethodik kann man auch dem Vorwurf des Eklektizismus entgehen, der mitunter gegen die Diskursforschung erhoben wird (z.B. von Widdowsen 1998).

Wer diskursinduktiv vorgeht, muss im Sinne der Diskursforschung untersuchen, wie nicht nur die verschiedenen Sinndimensionen der Alltagskommunikation (Handlung, Beziehung, Themenentwicklung, Aufmerksamkeitssteuerung etc.), sondern auch übergreifende Diskurse durch Texte vermittelt werden.

Struktur und Handeln. Mit der Fokussierung weiträumiger, wirkmächtiger „Kommunikationsverhältnisse" in Geschichte oder Gegenwart legt die Diskursanalyse einen Schwerpunkt auf die Ebene der gesellschaftlichen Ordnung, die das Handeln des Einzelnen ermöglicht und begrenzt (Diskurse, Stile, Genres, vgl. Abbildung 2). Hinzu kommt der Einfluss von Machtfaktoren, die zwar durch den Diskurs gestützt werden, die aber als materialisierte Wirkungen auch außerhalb des Diskurses liegen (z.B. Vermögens- und Besitzverhältnisse). Dagegen wird der Handlungsspielraum der Einzelnen, in dem unter Umständen auch der Keim soziokulturellen Wandels liegt, tendenziell minimiert. Hierin kann gerade für kritische und engagierte Ansätze ein Problem liegen: Indem die Gesellschaft im Wesentlichen auf eine allgegenwärtige und stabile Wirkungsmacht im Hintergrund zurückgeführt wird (z.B. die Strukturlogik des *New Capitalism*, vgl. Fairclough 2003), kann das Alltagshandeln des Einzelnen als gesellschaftlich unerheblich, sein politisches Engagement für mehr Partizipation, Gerechtigkeit etc. als aussichtslos erscheinen. So mag die zugespitzte Charakterisierung derartiger Ansätze als „masochistisch" und „politisch irrelevant" (Latour 2005/ 2007, 430) den Kern des Problems treffen, insoweit sie Gründe zum lustvollen Klagen liefern, ohne konkrete alternative Handlungsperspektiven für den Alltag zu eröffnen.

Dagegen ist es gerade das unvorhersehbare „Gewirr von schwachen Bindungen" und von „überraschenden Verknüpfungen" in der Gesellschaft (Latour 2005/ 2007, 433), das empirisch auszuleuchten ist, wenn es darum geht, den Status quo zu verstehen und dabei auch Spielräume und Einflusspotentiale für das Alltagshandeln zu bestimmen. Dies kann diskursive und außerdiskursive Manifestationen von Dominanz, Disziplinierung, Kontrolle etc. insoweit einschließen, wie sie anhand entsprechender Spuren empirisch rekonstruierbar sind.

Bewertung und Anwendung. Es ist ein erklärtes Ziel vieler diskursbezogener Untersuchungen, kommunikatives Handeln nicht nur zu beschreiben und zu erklären, sondern auch zu bewerten, etwa von einem gesellschaftskritischen Standpunkt aus als teilweise nicht durchschaute (opake) Manifestationen von Diskriminierung, Unterdrückung etc. (vgl. Wodak 1995). Dabei ist selbstverständlich auch der Standpunkt des Diskursanalytikers nicht objektiv, sondern wie die von ihm untersuchten Diskurse relativ zu Werte- und Rechtsordnungen, politischen Ideensystemen und Zielen (vgl. S. Jäger 2006).

Darüber sollte er Rechenschaft ablegen, vor seinem Publikum und vor sich selbst, auch um den Einfluss des eigenen Standpunkts auf den wissenschaftlichen Erkenntnisprozess methodisch zu kontrollieren.

Mit dieser allgemeinen Forderung ist das Problem allerdings noch nicht vom Tisch. Es macht nämlich für die empirische Arbeit schon einen erheblichen Unterschied, von welcher Art theoretische Vorfestlegungen sind: Geht es – wie in der allgemeinen Texttheorie (vgl. Kapitel 2) – um formale Verknüpfungsrelationen und Arten von „Hinweisen" (Hausendorf & Kesselheim 2008), die konkrete „inhaltliche" Füllungen nicht bereits vorgeben? Oder handelt man sich, etwa mit einer kritischen Gesellschaftstheorie, eine Beschreibung und Erklärung historischer Verhältnisse ein, die letztlich an die Stelle der Perspektiven von Beteiligten tritt, wie sie sich in den Daten als „naive" Sprech- und Sichtweisen manifestieren?

Für die empirische Analyse ergibt sich in solchen Fällen das Problem, dass nach einem *Deus ex machina*-Prinzip jederzeit über die Köpfe der Beteiligten hinweg Deutungen und Wertungen vorgenommen werden können, die an einer normativ gesetzten Perspektive ausgerichtet sind. Im ungünstigsten Fall werden auf diese Weise die in den Daten erfassbaren Spuren performativer Sinnvollzüge verwischt oder verdeckt, die Akteure sprachlicher Kommunikationsprozesse zum Schweigen gebracht, ihre möglichen Einwände als naive Sichtweisen ins Unrecht gesetzt und die Perspektiven der Wissenschaftler in den Rang absoluter Wahrheiten erhoben.

Normativität

Dieses Problem wiegt dann umso schwerer, wenn unter einer „Anwendung" der Erkenntnisse nicht nur die kritische Aufklärung über opake Machtverhältnisse etc. verstanden wird, sondern auch die Etablierung allgemein verbindlicher Normen und Vorschriften darüber, wie man „politisch korrekt" sprechen soll oder muss. Soweit derartige Regulierungsversuche nicht auf einem gesellschaftlich breiten Konsens beruhen (z.B. zur Vermeidung rassistischer Diskriminierungen), kann die Kritische Wissenschaft in eine höchst widersprüchliche und kommunikationsethisch fragwürdige Lage geraten: In ihrem Bemühen, die Macht bestimmter Interessengruppen zurückzudrängen, versucht sie, das gleichsam „urdemokratische" Medium der Sprache, ein öffentliches Gut, teilweise in ihre Gewalt zu bringen. Dann geht es nicht mehr um Überzeugung in einem vernünftigen öffentlichen Diskurs, sondern um eine Form der Machtausübung, ohne hinreichende Legitimation und ganz nach dem Motto: „Normen? Ja – aber meine" (Heringer 1988).

Zur Vertiefung: Heringer 1988; Fairclough 2003; Reisigl 2009.

5 Bedingungen: Texte und Medien

5.0 Am Anfang: Agenda und Impuls

In den vorherigen Kapiteln haben wir uns mit der Frage befasst, wie Leserinnen und Leser aus wahrnehmbaren und verstehbaren Hinweisen und Spuren kommunikativen Handelns zusammenhängende Lektüreeinheiten (Texte) bilden und deren Sinn erschließen; man kann diese Perspektive auch umkehren und nach den Voraussetzungen für die Wahrnehmbarkeit und Verstehbarkeit kommunikativer Äußerungen – und damit nach ihrer Medialität – fragen (vgl. Krämer 2008).

Menschliche Kommunikation ist insofern immer indirekt, als niemand seine Intentionen und sein Wissen in den Kopf eines anderen übertragen kann; vielmehr muss er Sinn an kulturell geformte Materialisierungen und Bedeutungen knüpfen, die für den anderen wahrnehmbar und verstehbar sind. So wird deutlich, dass vielfältige Medien – von Stimme und Schrift über Sprache und Bilder bis zu hoch komplexen räumlichen, technischen und organisatorischen Arrangements für kulturell eingespielte (institutionalisierte) Kommunikationsprozesse (z.B. Museum, Fernsehen) – dem kommunikativen Handeln je spezifische Bedingungen auferlegen. Für die Textlinguistik ergibt sich daraus die Notwendigkeit, ihr Sprechen über Texte medientheoretisch weiter zu differenzieren. Der je eigenen Geformtheit und Strukturiertheit dieser Medien auf den Grund zu gehen und ihren jeweiligen Beitrag zur Konstitution von Texten zu bestimmen, ist das Programm einer linguistischen Medientheorie. Dabei stehen sowohl die Medialität der Sprache selbst, als auch ihr Zusammenspiel mit anderen Medien im Mittelpunkt des Interesses (vgl. Holly 1997, L. Jäger 2004).

Die Frage nach den Medien ist für jede Art der Kommunikationsforschung insofern hoch relevant, als Medien – oft, ohne dass uns dies bewusst würde – den Inhalten nicht äußerlich bleiben, sondern den Sinn des Kommunizierten wesentlich mit bestimmen. Zwar werden Medien von den Handelnden auch individuell gebraucht, die kommunikativen Intentionen werden aber erst auf dem Hintergrund der medialen Vorgeformtheit kommunikativen Handelns wahrnehmbar und verstehbar. Medien stellen also gewissermaßen einen Speicher materialisierter Sinnstrukturen dar, aus dem sich Kommunizierende bedienen. Dabei arbeiten sie auch selbst an diesem Speicher mit; so verändern sich in kollektiver Auseinandersetzung mit medialen Bedingungen der Kommunikation auf längere Sicht kulturelle Ordnungen einschließlich der medialen Strukturen selbst.

Der Einfluss der Medien auf Textprozesse reicht also weit über Probleme der Übermittlung hinaus und in die Strukturen des Denkens, Wollens und Handelns hinein. Medien koppeln individuelle Kognition an gesellschaftliche Wissensstrukturen (vgl. Kapitel 4). – In diesem Kapitel befassen wir uns mit

Lerninhalte

- den vielfältigen medialen Rahmenbedingungen, die beim Schreiben und Lesen von Texten ins Spiel kommen und den Versuchen, diese Rahmenbedingungen medientheoretisch zu systematisieren,
- der Frage, in welchen Hinsichten Medien textuelle Zeichenprozesse strukturieren und formen,
- dem Sonderfall der so genannten „massenmedialen" Kommunikation und mit besonderen Textstrukturen, wie man sie unter anderem im *World Wide Web* finden kann.

Impuls

Im Ausstellungsraum eines Museums befindet sich der folgende Text:

Datum 11: „Kunstwerke"

Welche Medien kommen in diesem Beispiel ins Spiel?

5.1 Familienähnlichkeit von Sprach- und Medientheorie

keine Kommunikation ohne Medien

Anders als bei vernetzten Computern können „Informationen" in der zwischenmenschlichen Kommunikation nicht unmittelbar ausgetauscht werden (auch wenn das Gespräch – im Kontrast zu schriftbasierter Kommunikation – manchmal in etwas irreführender Weise als „direkt" charakterisiert wird). Vielmehr ist die soziale Herstellung und Vermittlung von Sinn an die Äußerung und Deutung sinnlich wahrnehmbarer Zeichen geknüpft.

Bei Schrifttexten ist das ganz offensichtlich, weil der Kommunikationspartner oft gar nicht anwesend ist. Aber auch bei einem Vortrag oder in einem Gespräch gestaltet sich Kommunikation in diesem Sinne indirekt: Jemand äußert Zeichen, die ein anderer wahrnehmen und deren kommunikativen Sinn er erschließen muss.

Indem wir uns der Sprache und anderer Medien der Kommunikation bedienen, kommt bei der Übermittlung von Sinn immer auch deren je eigene Geformtheit ins Spiel, ähnlich wie bei einem Boten, dessen kommunikatives Vermögen sich in der überbrachten Nachricht niederschlägt (Krämer 2008). Die Geformtheit der Medien, zum Beispiel sprachlicher Kommunikationsmuster, bildet sich in sozialen und kulturellen Kontexten heraus, und sie entwickelt sich – sozusagen als Nebeneffekt ihres Gebrauchs – dynamisch weiter (vgl. zum Sprachwandel Keller ²1994).

Geformtheit der Medien

Diese Perspektive ist, gemessen an unserer Alltagserfahrung, erst einmal ungewohnt: Dass bei der Kommunikation Medien im Spiel Sinn sind, wird uns über weite Strecken gar nicht bewusst. Zwar nehmen wir die Medien wahr und erschließen ihren Sinn, schauen dabei aber gleichsam durch sie hindurch auf die Inhalte, ohne deren medialer Geformtheit besondere Aufmerksamkeit zu widmen. Wer z.B. als routinierter Leser eine Zeitung liest, kann vielleicht nach der Lektüre über die Ereignisse Auskunft geben, von denen in der Zeitung berichtet wurde; wie die Meldungen oder Nachrichten formuliert, die Typographie und die Bilder gestaltet waren, ist ihm zumeist gar nicht bewusst geworden (es sei denn, er hat als Sprachkritiker oder Medienprofi gerade darauf geachtet).

Transparenz der Medien

Im Alltag kommen Medien immer dann ins Bewusstsein, wenn kommunikative Störungen auftreten, die es erforderlich machen, den medialen Grundlagen der Kommunikation Aufmerksamkeit zu widmen: So kann zum Beispiel ein Zeitungsleser, dem ein Wort nicht geläufig ist, in einem Wörterbuch nach einer Bedeutungsbeschreibung oder einem Synonym suchen, um das Verständnis des Textes sicher zu stellen. Wer nicht ohne Weiteres erschließen kann, was auf einem Bild dargestellt ist, kann die Bildunterschrift zu Rate ziehen. In solchen Fällen werden mediale Äußerungen „transkribiert", d.h. im selben oder einem anderen Medium auf andere Weise lesbar gemacht. Dann wird aus der Transparenz der Medien, dem „Looking through the media", ein „Looking at the media" (L. Jäger 2004). Der Einfluss der Medien, ihre Mitwirkung an der Konstitution von Sinn, ist freilich auch dort im Spiel, wo die Medialität der Kommunikation nicht auf die Bewusstseinsebene gelangt.

Transkription

Derartige Einsichten im Blick auf die Sprache rückten im Rahmen des *Linguistic turn* in den Mittelpunkt philosophischer Reflexion. Dabei wurde die Sprache, die zuvor „als abgeleitet und nachrangig

Linguistic turn

galt, [...] als eine strukturprägende und ordnungsstiftende Kraft"
entdeckt, als eine übersehene Konstitutionsbedingung von Erkennt-
nis, Wahrnehmung und Erfahrung (Krämer 2008, 23). So erschien
es im Blick auf die Bearbeitung „philosophischer Probleme" als zen-
tral, darüber zu reflektieren, wie unsere Alltagssprache diese Probleme erst hervorbringt und so unseren Geist „verhext" (Wittgenstein

allgemeine
Medientheorie

1984). In der Medientheorie wird dieses Programm auf Medien im
Allgemeinen ausgeweitet, wobei oft die Sprache aus dem Blickfeld
gerät; umgekehrt übersehen viele Sprachwissenschaftler, dass Sprache in der Kommunikation notwendig an andere Medien (Stimme,
Schrift) gebunden ist, die ihre Wahrnehmbarkeit ermöglichen, und
dass sie – je nach Kommunikationsform – mit anderen Medien (z.B.
Gesten, Bildern) zusammenspielt (L. Jäger 2001, 2002). Sprachtheorie (im Geiste des *Linguistic turn*) und Medientheorie stehen in einem Verhältnis der „Familienähnlichkeit" zueinander (Krämer
2008), insofern ihr Interesse verwandten, strukturell analogen Pro-
blemen gilt. Insofern kann es nahe liegen, eine interdisziplinäre
Zusammenarbeit zu suchen und die Sprache mit unter einen weiten
Medienbegriff zu fassen.

Fragt man in diesem Sinne nach den medialen Bedingungen von
Kommunikation, kommen neben den Sinnstrukturen der Zeichen
(Sprache; nonverbale Zeichen; an Sprache gebundene, paraverbale
Zeichen, z.B. Typographie) auch die biologischen, physikalischen
und technischen Grundlagen ins Blickfeld, auf denen die Wahrnehmbarkeit der Zeichen, an die ein bestimmter Sinn geknüpft wird, beruht. Unter einen weiten Medienbegriff fallen zudem komplexe Arrangements räumlicher, technischer und organisatorischer Art, nach
denen kulturell eingespielte Kommunikationsprozesse in Institutionen gestaltet sind. Tabelle 2 stellt den Versuch dar, das schwer über-
schaubare Bedingungsgefüge der Medien ansatzweise zu systematisieren:

Medien:	darunter fallen u.a.:	darunter fallen u.a.:
Kanäle (= natürliche Medien)	Modalität der Wahrnehmung/ Empfangsorgane (= biologische Medien)	Sinneszellen, Sinnesnerven, Sin- neszentren für visuelle, auditive, olfaktorische, gustatorische, takti- le Semiosen
	Kontaktmaterie (= physikalische und chemische Medien)	elektromagnetische Felder, die optische Wellen transportieren; akustisch leitfähige feste, flüssige oder gasförmige Körper

Medien:	darunter fallen u.a.:	darunter fallen u.a.:
Medien (= technische Medien)	Zeichenhersteller; Zeichenträger; Zeichenmaterial	Feder; Papier; Tinte
	Hilfs-/ Verstärkermedien	Podium; Brille
	Speichermedien (asynchron)	Notizbuch; CD-ROM
	Übertragungsmedien (synchron)	Telefon; Funk
	Ausstrahlungs-/ Diffusionsmedien (potentiell synchron; unidirektional)	Hörfunk; Fernsehen
	Verbreitungs-/ Distributionsmedien (asynchron; unidirektional)	Buch; Presse
	Dialog-/ Interaktionsmedien (synchron oder asynchron; bidirektional)	Telefon; E-mail
	„Massenmedien" (vgl. Abschnitt 5.3)	Hörfunk; Fernsehen; Presse
	Programmmedien (Ausstrahlung, vom Produzenten festgelegte Programmstruktur)	Hörfunk; Fernsehen
	sog. „interaktive" Medien	PC; interaktives Fernsehen
Medieninstitutionen (= soziale Medien)	für visuelle Semiosen	Presse
	für auditive Semiosen	Hörfunk
	für audiovisuelle Semiosen	Oper; Kino; Fernsehen
Textsorten/ Gattungen (= kulturelle Medien)	Informationstexte	Nachricht; Sachbuch
	Appelltexte	Kommentar; Werbeanzeige
Zeichen und Stile der Zeichenverwendung (= stilistische Medien)	akustische Zeichen	Sprachlautzeichen; Parasprachzeichen; Tonzeichen; Musikzeichen
	optische Zeichen	Gebärdensprachzeichen; Schriftzeichen; statische Bildzeichen; bewegte Bildzeichen; Skulpturzeichen
	multimodale Zeichen	Film; Architektur
	Stile	Romanik; gehobener Sprachstil; konzeptionelle Mündlichkeit/ Schriftlichkeit

Tabelle 2: Medien (vgl. Posner 1985, 1986; Holly 1997; Habscheid 2005)

So gehört etwa zu den medialen Rahmenbedingungen des Textes in Datum 11 die Institution Museum und eine dort übliche Textsorte (Besucherinstruktion/ Verbot), die Verwendung optischer Schriftzeichen und der deutschen Sprache, ein textsortentypischer und der situativen Einbettung angemessener Sprachstil, ein textsortentypischer Stil der typographischen Gestaltung, ein technisches Verfahren zur Textherstellung und ortsbezogenen, die Zeit überdauernden Speicherung (z.B. Siebdruck auf lackiertem Holz), ein physikalisches Substrat und die an visuellen Semiosen beteiligten Wahrnehmungsorgane.

Es liegt auf der Hand, dass die Unterscheidung „medialer" Mündlichkeit und Schriftlichkeit (im Sinne phonischer und graphischer Realisierung sprachlicher Zeichen), die in der Linguistik besonderes Interesse gefunden hat (anknüpfend an Koch & Oesterreicher 1994), aus dem komplexen medialen Bedingungsgefüge nur einen kleinen Ausschnitt erfasst (Fehrmann & Linz 2009): Mit der genannten Unterscheidung kommen die konkreten medialen Realisierungsbedingungen für mündliche und schriftliche Äußerungen im Grunde noch

Mündlichkeit und Schriftlichkeit
gar nicht in den Blick (z.B. im Fall der Schriftlichkeit die Differenz zwischen einem handschriftlichen Brief und einer SMS).

Dass mediale Mündlichkeit bzw. Schriftlichkeit nicht notwendig mit räumlicher bzw. kommunikativer Nähe bzw. Distanz („konzeptuelle Mündlichkeit" bzw. „Schriftlichkeit") einhergeht, haben Koch & Oesterreicher (1994) in ihrem Modell zu Recht betont: Während sprachliche Äußerungen stets entweder phonisch oder graphisch realisiert sind, ergibt sich im Blick auf die Herstellung von Nähe bzw. Distanz ein Spektrum, dessen Pole etwa durch das private Alltagsgespräch unter Vertrauten und Freunden einerseits, den öffentlichen gedruckten Schrifttext zur personenunabhängigen Konstitution von Sachwissen oder allgemein verbindlichen Normen andererseits markiert werden.

Welcher dieser kommunikativen Eigenschaften durch welche medialen Bedingungen geformt und strukturiert werden und wie genau dies jeweils geschieht, ist durch die recht pauschalen Kategorien freilich noch nicht geklärt. Hier muss eine linguistische Medientheorie mit dem Ziel weiterer Differenzierungen ansetzen (Fehrmann & Linz 2009).

5.2 Kommunikationsformen

In welchen Hinsichten strukturieren und formen Medien textuelle Zeichenprozesse? – Einen Schlüssel zum Verständnis dieses komplexen Sachzusammenhangs stellt der durch Karl Ermert (in Anknüpfung an den Begriff Kommunikationsart nach Gülich & Raible 1975) ausgearbeitete Terminus Kommunikationsform dar (Ermert 1979). Im Unterschied zur Texttypologie, wie wir sie in Kapitel 3 behandelt haben, geht es hier nicht um verfestigte Lösungen für die Bearbeitung bestimmter kommunikativer Aufgaben, sondern um „Gegebenheiten der kommunikativen Situation" (Gülich & Raible 1975, 155), die unabhängig von kommunikativen Zwecken dem Kommunikationsprozess Bedingungen auferlegen.

kommunikative Situation

Dabei gilt ein besonderes Interesse den medialen, vor allem den natürlichen und technischen Bedingungen der kommunikativen Situation. So handelt es sich beispielsweise beim Liebesbrief oder beim Werbebrief um sprachliche Handlungsmuster/ Textsorten, während der Brief als solcher, etwa im Unterschied zum Face-to-face-Gespräch oder zum Telefonat, als eine Kommunikationsform angesprochen werden kann (Ermert 1979).

Im Fall der Kommunikationsformen wirken sich mediale (natürliche, technische) Rahmenbedingungen in vielfältiger Hinsicht aus (Holly 1997, Schmitz 2004), unter anderem auf

Merkmale von Kommunikationsformen

- Prozesse der Textproduktion,
- die Verwendbarkeit von Zeichentypen,
- örtliche Kopräsenz vs. Distanz der Kommunikationspartner,
- (annähernde) Synchronität von Produktion und Rezeption vs. zeitliche Zerdehntheit,
- Möglichkeit der Interaktion vs. Einweg-Kommunikation,
- Speicherkapazität,
- Schnelligkeit,
- Anzahl der Kommunikationspartner,
- Art der sozialen Beziehung (privat, offiziell, öffentlich; bekannt vs. anonym),
- Prozesse der Textrezeption (z.B. fokussiert vs. nebenbei).

1. Charakterisieren Sie in diesen Hinsichten die Bedingungen der kommunikativen Situation in Beispiel 11. Inwiefern ist die stilistische Gestaltung des Textes diesen Bedingungen angemessen?

Aufgabe

So handelt es sich zum Beispiel im Fall der „Kommunikationsform E-Mail" (vgl. die Beiträge in Ziegler & Dürscheid 2002) um eine produktions- und rezeptionsseitig technisch basierte Kommunikationsform zur schriftbasierten, asynchronen, vergleichsweise schnellen, potenziell sowohl uni- als auch bidirektionalen fokussierten Kommunikation zwischen zwei oder mehreren Personen. Hinzu kommen als technische Rahmenbedingungen die jeweiligen, im Formular der Programme bereit gestellten Funktionen (wie *Reply, Quote,* Empfangs- und Lesebestätigung, zeitliche und personelle Spezifikationen), die Möglichkeit zu Einbindung hypertextueller Verweise und Attachments etc. (vgl. Schmitz 2002).

Beispiel E-Mail

Solche zunächst virtuellen Merkmale können in die Bestimmung von Textsorten bzw. Textsortenvarianten eingehen. Die Textsorten selbst werden aber in der Regel primär durch andere Merkmale cha-

rakterisiert, etwa ihre Zweckgebundenheit und sprachliche Formge-
bundenheit (vgl. Kapitel 3). Freilich hängt der Gebrauch der sprachlichen Formen von den Bedingungen der Kommunikationsform ab. So
Beispiel SMS beruhen z.b. sprachstrukturelle Eigenschaften der SMS-Kommunika-
tion (Abkürzungen, Ellipsen etc.), unabhängig von der spezifischen
Textsorte (Verabredung, Liebesbotschaft etc.), auf der Auseinandersetzung der Nutzer mit den Bedingungen der Kommunikationsform
(Eingabegerät, Zeichenbeschränkung, zeitliche Nähe von Produktion
und Rezeption, Bidirektionalität etc., vgl. Dürscheid 2002).
Kommunikationsform   Kommunikationsformen sind also von Textsorten zu unterschei-
und Stil den. Auch der Stil von Texten kann im Rahmen einer Kommunikationsform variieren. Zwar liegt eine Ratio der stilistischen Gestaltung
darin, den Text den situativen Bedingungen entsprechend zu gestalten, darüber hinaus kommen aber weitere Dimensionen stilistischer
Sinnkonstitution ins Spiel (z.B. Selbst- und Partnerdarstellung, Beziehungsgestaltung, Handlung und Thema des Textes, vgl. Sandig
2008). So sind in der E-Mail-Kommunikation nicht nur zahllose
Textsorten anzutreffen, sondern auch recht verschiedenartige sprachliche und typographische Ausdrucksweisen und Ausdrucksmittel
(vgl. Schmitz 2002).

5.3 „Massenmediale" Texte und ihre kommunikative Aneignung

Eine Kommunikationsform, der etwa im Rahmen der Diskursanalyse besondere Aufmerksamkeit gilt, stellt die so genannte „massenmediale" Kommunikation dar (vgl. Habscheid 2005). Davon kann
gesprochen werden, wenn Texte durch technische Vervielfältigung
und Diffusion bzw. Distribution allgemein zugänglich gemacht werden und als Produkte zahlreiche anonym bleibende und heterogene
Rezipienten an unterschiedlichen geographischen und sozialen Orten erreichen. Unter „Massenmedien" firmieren demnach „alle Einrichtungen der Gesellschaft, die sich zur Verbreitung von Kommunikation technischer Mittel der Vervielfältigung bedienen" und die
„Produkte in großer Zahl mit noch unbestimmten Adressaten erzeugen" (Luhmann 1996, 10), z.B.

- drucktechnisch reproduzierte Datenträger (z.B. Buch, Zeitung, Zeitschrift),
- Kinofilme,
- Hörfunk- und Fernsehsendungen,
- elektronisch kopierte Datenträger (z.B. CD, DVD).

Massenmedien dienen also teils der Speicherung und Distribution/
Verbreitung von Texten (z.B. Buch), teils ihrer Übertragung und Dif-
Programmmedien fusion/ Ausstrahlung (z.B. Hörfunk, Fernsehen). Im zweiten Fall
handelt es sich um Medien mit einer vom Produzenten festgelegten

Programmstruktur (welche Textsorten/ Themen/ Texte in welcher zeitlichen Abfolge?), die nicht nur Live-Sendungen übertragen, sondern auch – wie das Kino – gespeicherte Kommunikation (z.b. eine aufgezeichnete Fernsehdiskussion oder einen Spielfilm) ausstrahlen. In semiotischer Hinsicht sind visuelle Printmedien (Schrift, Bild), audiovisuelle Medien (u.a. bewegte Bilder, Lautsprache, Töne) und rein auditive Medien zu unterscheiden (Lautsprache, Töne). Dabei werden – wie im Gespräch – sprachliche und andere Zeichen, oftmals musterhaft, miteinander verknüpft, allerdings unter sehr spezifischen Inszenierungsbedingungen, die ein höheres Maß an gestalterischer Reflexion und Kontrolle über die Texte erlauben (vgl. beispielsweise Holly 2007, 2009).

Zeichenarten

Zeichen-kombinationen

Nicht als massenmediale Texte gelten aufgrund ihrer beschränkten Reichweite häufig Reden, Vorträge, Vorlesungen, Aufführungen usw. an öffentlich zugänglichen Orten (soweit sie nicht technisch aufgezeichnet oder in Hörfunk bzw. Fernsehen live übertragen werden). Überhaupt bringen die recht vagen Quantifizierungen – Produkte „in großer Zahl" erreichen „massenhaft" Rezipienten – graduelle Abstufungen und Abgrenzungsprobleme mit sich: So ist beispielsweise das Buch einerseits als technisch vervielfältigter Träger von Kommunikation „selbstredend [...] als Massenmedium anzusprechen" (Merten 1994: 151; so z.B. auch Luhmann 1996: 10), andererseits verhinderten

> seine Erscheinungsweise, seine fehlende Aktualität, sein Preis und tendenziell auch sein Bildungsanspruch [...] lange Zeit dessen weite Verbreitung, so daß das Buch bis heute nicht als eigentliches Massenmedium gilt (Merten 1994: 151).

Die massenhafte Verbreitung der Kommunikate – und damit die Funktion der Massenmedien als Multiplikatoren von Texten – hängt also nicht allein von technischen Voraussetzungen ab, sondern auch von soziokulturellen, ökonomischen, rechtlichen, kultur- und bildungspolitischen und organisationalen Rahmenbedingungen, die daher im Sachzusammenhang der Massenmedien – neben den technischen Aspekten – Beachtung verdienen. Insgesamt handelt es sich bei Massenmedien um Einrichtungen der Gesellschaft, die

Merkmale von Massenmedien

- Texte unter Nutzung technischer Mittel der Vervielfältigung verbreiten (Multiplikation),
- mit ihren Texten unter bestimmten organisationalen, soziokulturellen, ökonomischen, rechtlichen und kulturellen Rahmenbedingungen eine große Zahl anonymer, heterogener Rezipienten an unterschiedlichen Orten und in verschiedensten sozialen Positionen erreichen (Ausstrahlung),
- Interaktion zwischen den beteiligten Produzenten und Rezipienten weder erlauben noch erfordern (Ein-Weg-Kommunikation),
- Gestaltungs- und Interpretationsspielräume in der Kommunikation für Produzenten und Rezipienten vergrößern (Freiheits-

grade), allerdings um den Preis spezifischer Verständigungsprobleme,

- Texte auswählen, zu thematischen Komplexen bündeln, diese fortführen, beenden, wechseln usw. und so Material zu jeweils aktuellen Themen zur Verfügung stellen, mit dem sich eine Vielzahl von Akteuren in unterschiedlichsten gesellschaftlichen Kontexten auseinandersetzt (Agenda-Setting),
- auf diese Weise Prozesse der Selbstverständigung der Gesellschaft über die Grenzen ihrer Funktionssysteme hinweg ermöglichen (strukturelle Integration),
- nicht nur die äußere Realität konstruierend „beobachten", sondern fortwährend auch sich selbst in diesem Prozess (Realitätsverdopplung),
- in der eigenen Arbeit wesentlich auf sich selbst Bezug nehmen, indem sie die Relevanz von Themen nach Maßgabe etablierter Diskurse bestimmen (operative Schließung),
- auf diese Weise Netzwerke von Texten (Diskurse) ausbilden, die zitierend, interpretierend, nachahmend, didaktisch vermittelnd usw. aufeinander und auf im Zentrum stehende Leittexte Bezug nehmen (Intertextualität),
- die Gesellschaft fortwährend zu Innovation und Vergessen reizen (Irritation).

Aufgabe   2. Charakterisieren Sie vor diesem Hintergrund die Kampagne „Du bist Deutschland" (vgl. Kapitel 4) als „massenmediales" Ereignis. Welche Bedeutung kommt massenmedialen Texten in Diskursen zu?

Aus diskursanalytischer Sicht können massenmediale Texte insofern als besonders relevant und brisant erscheinen, als ihnen im Prozess der gesellschaftlichen Wissenskonstitution besondere Aufmerksamkeit zukommt. In einem Netz von Diskursfragmenten, das sich über die gesamte Gesellschaft erstreckt, stellen oft diejenigen Diskursfragmente, die Teil massenmedialer Texte sind, zentrale Knoten dar, von denen zahlreiche intertextuelle Wiederaufnahmen ihren Ausgang nehmen. In diesem Sinne kann man massenmediale Texte strukturell als besonders einflussreiche Diskursbeiträge betrachten.

Knoten im Diskursnetz

Allerdings erscheint der Status massenmedialer Zeichenprozesse als Kommunikation zumindest auf den ersten Blick diskutabel, jedenfalls differenzierungsbedürftig (vgl. Holly & Habscheid 2001: 218f.). Dies vor allem deswegen, weil massenmediale Kommunikationsformen eine Interaktion mit dem Wechsel der Sprecher- bzw. Hörerrolle nicht zulassen. Dadurch bleiben für den Textproduzenten erkennbare Anschlusshandlungen des Adressaten aus, eine Zuschreibung von „Verstehen" ist in diesem Sinne nicht möglich. Für eine Diskursanalyse, die sich auf die Untersuchung von Daten aus der massenmedialen Kommunikation beschränkt, bedeutet das: Man kann vermuten, dass derartige Texte über den Rahmen der Massenmedien hinaus irgendwie in die Gesellschaft hinein „wirken", wie genau diese Wirkung aussieht, bleibt aber ungeklärt.

Dagegen kann man anhand der Anschlusskommunikation unter den Rezipienten – z.b. der Alltagsgespräche unter Fernsehzuschauern (vgl. Holly, Püschel & Bergmann 2001) – den Verstehensprozess als nicht nur psychische, sondern *kommunikative* Operation empirisch nachweisen (vgl. Kluba 2002: 41). Ein solcher Ansatz macht allerdings deutlich, dass der Wirkungsbegriff als solcher kaum dazu geeignet ist, die vielfältigen gruppengebundenen Lesarten bzw. Weiterverarbeitungen und die eigenständigen, mitunter widerständigen Bewertungen der Texte zu erfassen. Letztlich kann durch eine solche Perspektive die Vorstellung einer durch Gleichförmigkeit charakterisierten „Masse" von Kommunikationsteilnehmern insgesamt obsolet werden. Viel eher lässt sich von vielfältigen, kontextspezifischen Prozessen der Aneignung sprechen. Vor Idealisierungen sollte man sich dabei allerdings hüten: Auch diese Aneignungen finden nicht in einem herrschaftsfreien Raum statt, vielmehr sind sie vor dem Hintergrund einer gesamtgesellschaftlichen Diskursordnung zu sehen (vgl. Kapitel 4).

So gab es beispielsweise im Zusammenhang mit der Kampagne „Du bist Deutschland" (vgl. Datum 10) im World Wide Web vielfältige „parodistische Reaktionen einer unabhängigen Netzöffentlichkeit, die in großer Zahl den professionellen Plakaten witzige Gegenentwürfe zur Seite stellte" (Holly 2009, 174).

Betrachten Sie dazu – im Vergleich zu Datum 10 – das folgende Beispiel (vgl. auch Holly 2007, 422):

> Wirkung?

> Anschluss-
> kommunikation

> Masse?

Datum 12: „Du bist Sachbearbeiterin" (Auszug)

> Du bist Sachbearbeiterin
>
> Wie war das damals vor 10 Jahren? Traummaße und ein hübsches Gesicht. Und dann an einem Model-Casting teilgenommen. Leider gewann eine andere. Bei anderen Castings jeden Unsinn mitgemacht und eine Menge gelernt. Nämlich, dass es nur eine Siegerin geben kann. Und, dass Erfolg das Produkt aus Talent und Fleiß ist. Der aber ohne Vitamin B, Glück und einen der Dich – warum auch immer – protegiert, nicht stattfindet. [...] Aber Du bist nicht allein. Aus den übrigen 49.999 Castingteilnehmerinnen ist auch nichts besonderes geworden.
>
> Du bist Deutschland [Logo der Kampagne]
>
> Eine Initiative deutscher Medien, zu denen auch Weblogs gehören. [...].
>
> (Quelle: www.flickr.com/groups/dubistdeutschland/, 06.12.2005; vgl. auch Holly 2007, 422)

Fragt man im Sinne der Diskursanalyse, welche Diskurse bzw. Stimmen ein- und welche ausgeschlossen sind, so ergibt sich im Vergleich zum Text der offiziellen Kampagne ein nahezu komplementäres Bild. Alles das, was der Kampagnentext strategisch verschweigt bzw. durch ein bestimmtes semantisches Design in den Hintergrund rückt und so aus dem diskursiven Verkehr zu ziehen versucht, wird durch die Parodie gleichsam grell beleuchtet, in drastischer Weise in den Fokus der Aufmerksamkeit gerückt: die leidvolle Erfahrung individuellen Scheiterns, die Absurdität von Casting-Veranstaltungen, die quantitative Relation von Gewinnern und Verlierern, der Zufallsfaktor, die Verzerrung des Wettbewerbs durch „Beziehungen".

Versteht man die beiden Texte als implizite Beiträge zum Agenda-2010-Diskurs, wird in Text 12 die positive Bewertung in ihr Gegenteil verkehrt, indem das gesellschaftliche Potential einer „Aktivierung" des Einzelnen und die Kraft optimistischer Einstellungen, auf die der herrschende Diskurs (anknüpfend an Vorbilder aus der Ratgeber- und Lebenshilfe-Literatur) argumentativ setzt, im Blick auf eine Mehrheit der Bevölkerung als Fiktion charakterisiert wird. Für den Slogan der Kampagne wird durch die textuelle Einbettung eine sarkastische Lesart angeboten, indem die Gemeinsamkeit der adressierten (jüngeren) Deutschen auf die geteilte Erfahrung beruflichen Scheiterns – unter den gegebenen gesellschaftlichen Bedingungen – reduziert wird.

Insofern der Text in Datum 12 ein hohes Maß an diskurskritischer Reflexion voraussetzt bzw. anregen kann, ohne die Mechanismen des reflektierten Diskurses explizit zu beschreiben, ließe er sich als eine Art implizite kritische Diskursanalyse mit den ästhetischen Mitteln der Parodie charakterisieren. Diese wird – zunächst außerhalb der so genannten Massenmedien – selbst zum Teil der Diskursordnung, Gegendiskurs   indem der Versuch unternommen wird, einen kritischen Gegendiskurs zu etablieren.

5.4 Modellierung multimodaler Hypertexte

Wenn Sie den Empfehlungen der Benutzerhinweise bis hierher gefolgt sind, haben Sie die Kapitel, Abschnitte und Absätze des Textes in einer vom Autor festgelegten, „linearen" Reihenfolge gelesen (die Wörter und Sätze ohnehin). Wie die Empfehlung impliziert, gibt es auch andere Optionen, einen Text für die Lektüre zu strukturieren.

So bieten beispielsweise viele elektronische Texte bzw. Textsammlungen, wie das Internetportal, von dem in Datum 13 ein Ausschnitt abgebildet ist, dem Nutzer eine Vielzahl von Optionen und damit größere Spielräume: hinsichtlich des Einstiegs, der Reihenfolge bei der Rezeption der Segmente, ihrer Auswahl unter dem Gesichtspunkt des je individuellen Interessenprofils, der Rezeptions- und Nutzungshaltung (gezielte Informationssuche, systematischer Wissenserwerb, Zerstreuung, wechselseitige Datenübertragung, soziale Interaktion etc.)

Datum 13: „Moin, beim Stadtportal für Hamburg"

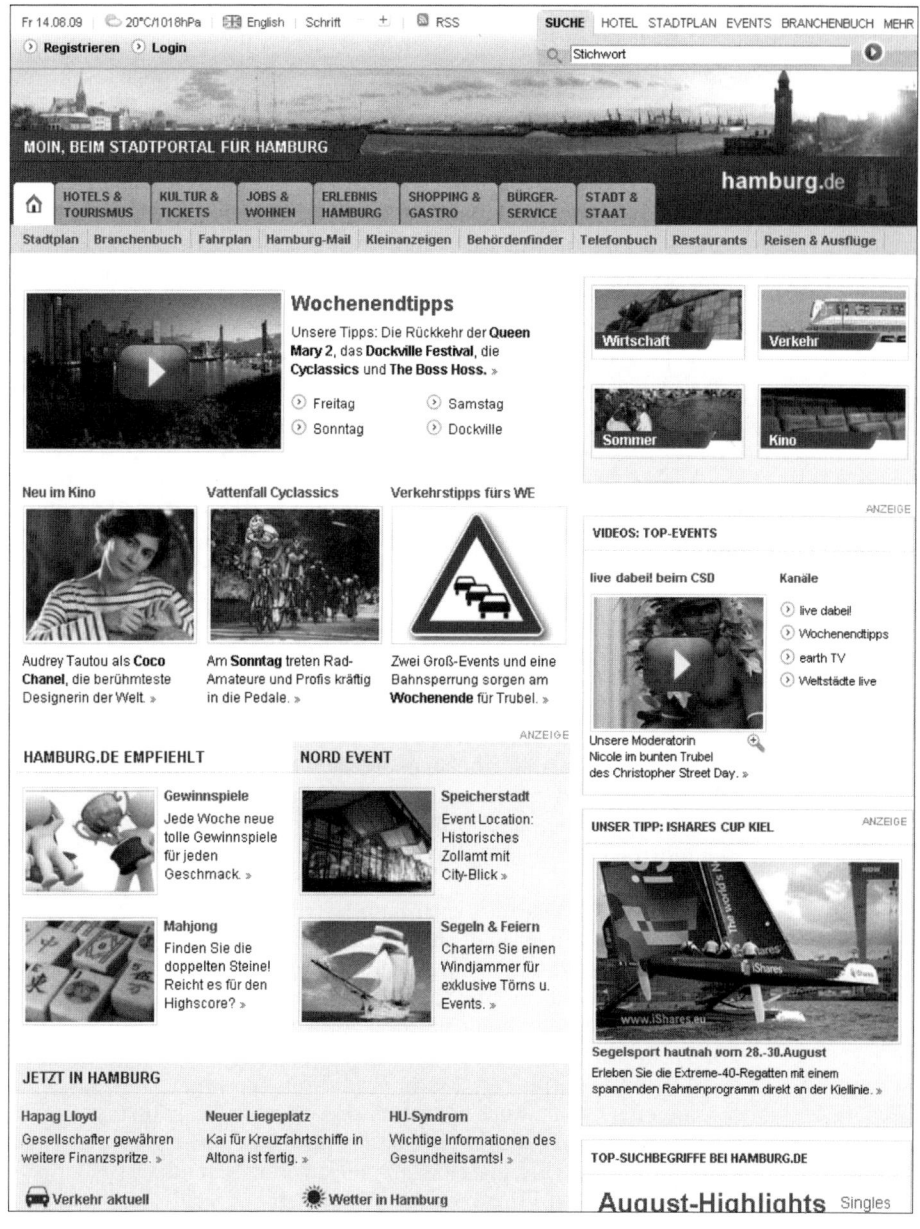

(Quelle: <www.hamburg.de>, 14.08.2009)

Auch solche Texte sind freilich nicht komplett delinearisiert, sondern
multi-linear. Dazu werden komplexe Themen- und Handlungszu-
sammenhänge modularisiert, das heißt, in strukturell und funktional
selbständige Einheiten segmentiert und auf dieser Basis zu einer
flexibleren Gesamtstruktur zusammengesetzt (vgl. Rothkegel 1999):
Anhand vielfältiger, aber nicht beliebiger Verknüpfungsstrukturen
kann der Nutzer selbst darüber entscheiden, was er sich „zusammen-
liest" (Haase, Holly & Teichert 2006, 205).

Aus textlinguistischer Sicht ist zunächst die Frage zu stellen, auf
welche Ebenen und Einheiten eines derart komplexen Zeichengebil-
des der Textbegriff angewandt werden kann (vgl. dazu Haase, Holly
& Teichert 2006, 204ff.). Leicht lassen sich auf der Basis der Kriteri-
en, wie wir sie in Kapitel 2 diskutiert haben, kleinere Lektüreeinheiten
– Texte – identifizieren, etwa der Artikel über den Film „Coco Cha-
nel" oder der Kontakttext, der auf der Startseite das Interesse des
Lesers für diesen Artikel wecken soll. Soweit diese Lektüreeinheiten
intern multi-linear organisiert sind, können sie als ein *Cluster* von
Teiltexten aufgefasst werden.

Das gesamte Portal besteht – wie z.B. auch eine Zeitung oder
eine Zeitschrift – aus einer Vielzahl von Texten, die ganz unterschiedlichen Textsorten zugeordnet werden können; ein Text erstreckt sich nicht selten über mehrere Webseiten. Insofern die
Texte von einem Herausgeber zu einem (in sich weiter strukturier-
ten) Ganzen arrangiert wurden, lassen sie sich darüber hinaus als
eine übergeordnete Einheit begreifen; Hasse, Holly & Teichert
(2006) sprechen hier von einer Textsammlung. Auch auf der Ebene der Textsammlung finden wir häufig multi-lineare Strukturen
(Haase, Holly & Teichert 2006, 204). Von der Textsammlung, bei
der Texte einander nebengeordnet werden, zu unterscheiden ist
der Fall, bei der *ein* thematisch und funktional zentraler Text durch
Paratexte (Genette 1989) begleitet wird, wie zum Beispiel der Einführungstext dieses Buches durch Titelei, Register, Rückentext
etc.

Eine nicht-lineare Textstruktur („Hypertext") ist nicht an Kommunikationsformen auf der medialen Basis des (vernetzten) Computers,
z.B. die Kommunikationsform Website (Haase, Holly & Teichert
2006), gebunden: Zum einen gibt es auch dort Texte bzw. Textsorten,
die dem Prinzip eines linearen Aufbaus folgen (z.B. multimodale
Flash-Animationen als möglichst eindrucksvolle Eröffnung eines
Internet-Auftritts, vgl. Martinec und van Leeuwen 2009, 12). Zum
anderen können auch gedruckte Texte, je nach Funktion und Thema,
ganz oder in Teilen durch hypertextuelle Strukturen gekennzeichnet
sein, wie zum Beispiel eine Enzyklopädie, ein Warenhauskatalog oder
eine nach den Prinzipien des „Textdesigns" gestaltete Zeitung (vgl.
dazu Bucher 1999): Auch solche Texte sind nicht auf eine Ganzlek-
türe hin angelegt, sondern für ein konsultierendes Lesen, „Stöbern",
Auswerten etc. hypertextuell aufbereitet.

Marginalien (linke Spalte):

Multi-Linearität

Text

Cluster von Teiltexten

Textsammlung

Paratext

Textdesign

Charakteristisch für elektronische Texte ist allerdings, dass die elektronische Umfangsbeschränkung, die aus der Materialität von Printmedien Hypertexte (Buch, Zeitung, Flyer etc.) resultiert, aufgehoben ist. Anders als z.b. bei einem Buch, das eine einheitliche hierarchische Textstruktur nahelegt, beruht ein komplexer elektronischer Hypertext möglicherweise auf mehreren Ordnungsmustern (vgl. Martinec und van Leeuwen 2009, 6). Dabei ist es auf der Basis elektronischer Links möglich, mit großer Geschwindigkeit durch die Texte und Textsammlungen zu navigieren, zudem sind häufig durch externe Links Brücken zu anderen Internetauftritten geschlagen (Haase, Holly & Teichert 2006, 205).

Außerdem kommen auf der Basis digitaler Medien neben Schriftsprache, statischen Bildern und den räumlich bestimmten Gestaltungsressourcen der Typographie auch auditiv und audiovisuell wahrnehmbare, zeitlich strukturierte Zeichen und Zeichenkombinationen ins Spiel (gesprochene Sprache, bewegte Bilder, Tonfilm, Musik etc.). Die Textsammlung insgesamt bzw. die einzelnen Texte sind also potenziell als (in sich heterogene) Hypertexte organisiert, zudem multimodal und multikodal, insofern auf der Basis visueller und auditiver Wahrnehmungsweisen verschiedene Zeichentypen miteinander kombiniert sind (Haase, Holly & Teichert 2006, 203f.). Insgesamt ergeben sich so häufig hochkomplexe Textstrukturen.

(Randnotiz: Multimodalität / Multikodalität)

Die Komplexität elektronischer Hypertexte bringt es mit sich, dass Nutzerinnen und Nutzer leicht die Orientierung verlieren. Dies ist vor allem dann der Fall, wenn die hypertextuellen Strukturen a) nicht hinreichend durchdacht sind oder wenn sie b) dem Leser an der Benutzeroberfläche nicht hinreichend deutlich gemacht werden. Hier, auf dem Feld einer Gestaltung von Hypertextstrukturen für neue Medien, findet die Textlinguistik nicht nur ein herausforderndes Forschungs-, sondern auch ein relevantes Anwendungsfeld. Sie kann diejenigen, die Hypertexte gestalten bzw. nutzen, dabei unterstützen, Optionen für das Design von Hypertexten für neue Medien zu reflektieren und zu systematisieren, nachvollziehbare Kriterien für ihre Beurteilung zu entwickeln und auf dieser Basis angemessene Konventionen zu entwickeln. Bei den Konventionen geht es vor allem um ganzheitliche Ausdrucksmuster, mit denen Nutzerinnen und Nutzer einen kommunikativen Sinn verbinden können, etwa im Blick auf den Strukturtyp, der der Organisation des Hypertextes zugrunde liegt; Martinec und van Leeuwen (2009) bezeichnen solche konzeptuellen Muster, an denen sich Gestalter und Nutzer von Hypertexten orientieren, als „nicht-lineare Modelle".

Ob ein Hypertext im Sinne nicht-linearer Modelle sinnvoll gestaltet nicht-lineare Modelle ist, hängt zunächst einmal davon ab, ob sein Strukturtyp der kommunikativen Konstellation angemessen ist. Bei der Reflexion der kommunikativen Konstellation greifen Aspekte des kommunikativen Zwecks bzw. der Textsorte, des Themas und der Adressierung ineinander. Zum Beispiel werden in Datum 13 Informationen über vielfältige, mit der Stadt Hamburg assoziierte Themen angesprochen, um ein möglichst breites Publikum für das Portal (und die Stadt selbst) zu interessieren. Texte mit anderen Funktionen, z.b. Bildungsangebote, gehen mit einer engeren (und im Verlauf der Navigation immer detaillierteren) thematischen Fokussierung und Adressierung einher. In manchen Fällen tritt die Informationsvermittlung hinter Zwecke der Selbstdarstellung und des Eindrucksmanagements zurück. Teilweise werden kommunikative Zwecke auch dadurch verfolgt, dass in die ausstrahlende „Rahmenkommunikationsform" Website andere Kommunikationsformen eingebettet werden, die eine technische Interaktion und wechselseitige Datenübertragung erlauben (z.b. E-Commerce) bzw. interpersonale Kommunikation unter den Nutzern ermöglichen, die zur Bildung einer an die Website (und die dahinter stehende Organisation) geknüpften Community beitragen soll (vgl. im Einzelnen die Website-Typologie bei Haase, Holly & Teichert 2006).

Je nach kommunikativer Konstellation ist dann die Frage zu klären, auf welchem Strukturtyp der Hypertext beruht. Oft erscheinen die Begriffe der Gliederung unsystematisch und heterogen, etwa wenn in Datum 13 die „Wirtschaft", „Verkehr", „Sommer" und „Kino" typographisch in einer Kategorie zusammengefasst sind. Allerdings legt die kommunikative Konstellation im Fall eines Stadtportals, anders als etwa bei einem Bildungsprogramm, auch eine recht lockere Verknüpfung nahe (vgl. Martinec & van Leeuwen 2009, 11f.).

Begriffsstrukturen In jedem Fall ist es aber – für Autoren wie für Nutzer elektronischer Hypertexte – hilfreich, sich darüber Klarheit zu verschaffen, auf welchen Begriffen und begrifflichen Relationen hypertextuelle Strukturen basieren bzw. basieren sollten (Martinec & van Leeuwen 2009), z.B.

Taxonomien: die begriffliche Über- und Unterordnung auf der Basis von Art von-Relationen, oft als Baumstruktur mit mehreren Ebenen (vgl. Abbildung 3)

Kulturangebote:
  Konzerte
    Klassik-Konzerte
      Konzerte mit Sinfonieorchester
      Kammerkonzerte
      ...
    Popmusik-Konzerte
    ...
    Jazz-Konzerte
    ...
  Theateraufführungen
  ...
  Ausstellungen
  ...
  ...

Abbildung 3: Taxonomie

Meronymien: die begriffliche Über- und Unterordnung auf der Basis von Teil von-Relationen, oft als Baumstruktur mit mehreren Ebenen (vgl. Abbildung 4)

```
Veranstaltungen am Wochenende:
    Veranstaltungen am Freitag
        Veranstaltungen am Vormittag
        Veranstaltungen am Nachmittag
        Veranstaltungen am Abend
    Veranstaltungen am Samstag
    ...
    Veranstaltungen am Sonntag
    ...
```

Abbildung 4: Meronymie

Auch die Gliederung des Layouts nach dauerhaften Strukturelementen (z.B. Navigationsleisten, Rubriken) und kurzfristig wechselnden, aktuellen Inhalten ist ein bewährtes Organisationsprinzip für die Gestaltung von Websites (vgl. insgesamt zu nicht-linearen Modellen und ihrer Visualisierung Martinec & van Leeuwen 2009).

Schließlich kommt es darauf an, dem Leser die gewählte semantische oder pragmatische Struktur an der Benutzeroberfläche explizit – durch entsprechende Hinweise – zu verdeutlichen, sie in lesbare, sichtbare und hörbare Formen zu „übersetzen" (Martinec & van Leeuwen 2009, 4). Wie im Fall der Textualität im Allgemeinen (vgl. Hausendorf & Kesselheim 2007 und Kapitel 2 der vorliegenden Einführung) kommen auch hierbei verschiedene Quellen zum Tragen:

Benutzeroberfläche

- zur Strukturlogik passende, möglichst eindeutige sprachliche Bezeichnungen (von Kategorien in Navigationsleisten, Rubriken, Link-Texten etc.),
- das Layout der Seite, die Schriftgestaltung, nonverbale Strukturzeichen etc.,
- Elemente ganzheitlicher Ausdrucksmuster, mit denen Nutzerinnen und Nutzer einen kommunikativen Sinn verbinden können, etwa im Blick auf den Strukturtyp, der der Organisation des Hypertextes zugrunde liegt.

Erst die reflektierte Wahl von Hinweisen erschließt dem Leser die Struktur und macht es wahrscheinlich, dass hypertextuelle Strukturen in der Kommunikationspraxis konstituiert werden:

> „The way non-linear models meet the eye and ear of the user is through their realization, or translation, into navigation and layout patterns in the interface. These are the forms by means of which the meanings, i.e. the non-linear models, are accessed. What follows is that the more clearly and explicitly the non-linear models are translated into navigation and interface, the easier it is for the user to understand the non-linear semantics of new media products, and the more likely it is that the message will get across." (Martinec & van Leeuwen 2009, 1)

Richtig ist aber auch: Je fundierter und umfassender die Kenntnis der Gestalter von den empirischen Wissenstrukturen ist, die der alltäglichen Kommunikationspraxis der Nutzerinnen und Nutzer zugrunde liegen, desto eher werden sie in der Lage sein, ihre Modelle und deren Darstellungen an der Benutzeroberfläche anschlussfähig zu gestalten. Hier schließt sich der Kreis zur Praxistheorie.

Wissensstrukturen in der Alltagskommunikation

Aufgabe

3. Analysieren Sie die Startseite des Internetauftritts einer Universität: Nach welchen nicht-linearen Modellen ist die Textsammlung strukturiert?

Zum Weiterlesen: Holly 1997; Schmitz 2004; Martinec & van Leeuwen 2009

Literatur

Adamzik, Kirsten (2008): Textsorten und ihre Beschreibung. In: Janich (Hrsg.), S. 145-175.

Akrich, Madeleine: Vom Objekt zur Interaktion und zurück. Eine Diskussion mit Madeleine Akrich, Antoine Hennion und Vololona Rabeharisoa (Centre de Sociologie de l'Innovation, Paris) – moderiert durch Lorenza Mondada. In: Zeitschrift für qualitative Bildungs-, Beratungs- und Sozialforschung, 5, 2, S. 239-271.

Anderson, John R. (^{6}2007): Kognitive Psychologie. Deutsche Ausgabe herausgegeben von Joachim Funke. Heidelberg: Springer.

Antos, Gerd & Heike Tietz (Hrsg.) (1997): Die Zukunft der Textlinguistik. Traditionen, Transformationen, Trends. Tübingen: Niemeyer.

Auer, Peter (1999): Sprachliche Interaktion. Eine Einführung anhand von 22 Klassikern. Tübingen: Niemeyer.

Austin, John L. (1962): How to Do Things with Words. Cambridge/ Mass.: Harvard University Press.

Ayaß, Ruth (2002): Zwischen Innovation und Repetition: Der Fernsehwerbespot als mediale Gattung. In: Herbert Willems (Hrsg.): Die Gesellschaft der Werbung. Kontexte und Texte. Produktionen und Rezeptionen. Entwicklungen und Perspektiven. Opladen: Westdeutscher Verlag, S. 155-171.

Bartlett, Frederic C. (1932): Remembering: A Study in Experimental and Social Psychology. Cambridge: Cambridge University Press.

de Beaugrande, Robert-Alain & Wolfgang Dressler (1981): Einführung in die Textlinguistik. Tübingen: Niemeyer.

Bergmann, Jörg R. (1993): Alarmiertes Verstehen. Kommunikation in Feuerwehrnotrufen. In: Thomas Jung & Stefan Müller-Doohm (Hrsg.): Wirklichkeit im Deutungsprozeß. Verstehen und Methoden in den Kultur- und Sozialwissenschaften, Frankfurt am Main: Suhrkamp, S. 283-328.

Bolten, Jürgen. 1992. ‚Fachsprache' oder ‚Sprachbereich'? In: Bungarten, Theo (Hrsg.): Beiträge zur Fachsprachenforschung. Tostedt: Attikon, S. 57-72.

Brinker, Klaus (1985/ ^{6}2005): Linguistische Textanalyse. Eine Einführung in Grundbegriffe und Methoden. Berlin: Erich Schmidt.

Brinker, Klaus u.a. (Hrsg.) (2000): Text- und Gesprächslinguistik. Ein internationales Handbuch zeitgenössischer Forschung. 1. Halbband. Berlin/ New York: de Gruyter.

Bühler, Karl (1934/ 1982): Sprachtheorie. Die Darstellungsfunktion der Sprache. Stuttgart/ New York: Fischer (= UTB 1159) (Original Jena 1934).

Buss, Mareike (2009): Alles Theater? Konfigurationen der Theatermetapher in aktuellen kulturwissenschaftlichen und linguistischen Diskursen. In: Buss u.a. (Hrsg.), 37-57.

Buss, Mareike u.a. (Hrsg.) (2007): Theatralität des sprachlichen Handelns. Eine Metaphorik zwischen Linguistik und Kulturwissenschaften. München: Fink.

Busse, Dietrich & Wolfgang Teubert (1994): Ist Diskurs ein sprachwissenschaftliches Objekt? Zur Methodenfrage der historischen Semantik. Opladen: Westdeutscher Verlag, S. 10-28.

Bussmann, Hadumod (³2002): Lexikon der Sprachwissenschaft. Stuttgart: Kröner.

Dausendschön-Gay, Ulrich, Elisabeth Gülich & Ulrich Kraft (2007): Phraseologische/ formelhafte Texte. In: Harald Burger u.a. (Hrsg.): Phraseologie/ Phraseology. Ein internationales Handbuch zeitgenössischer Forschung. Berlin/ New York: de Gruyter, 468-481.

Deppermann, Arnulf (2000): Ethnographische Gesprächsanalyse: Zum Nutzen einer ethnographischen Erweiterung für die Konversationsanalyse. In: Gesprächsforschung. Online-Zeitschrift zur verbalen Interaktion 1 (2000), 96-124.

van Dijk, Teun A. (1980): Macrostructures. An Interdisciplinary Study of Global Structures in Discourse, Interaction and Cognition. Hillsdale, N. J.: Erlbaum.

Dimter, Matthias (1981): Textklassenkonzepte heutiger Alltagssprache. Kommunikationssituation, Textfunktion und Textinhalt als Kategorien alltagssprachlicher Textklassifikation. Tübingen: Niemeyer.

Dressler, Wolfgang U. (2000): Textlinguistik und Semiotik. In: Brinker u.a. (Hrsg.), 762-772.

Dürscheid, Christa (2002): E-Mail und SMS – ein Vergleich. In: Ziegler & Dürscheid (Hrsg.), 93-114.

Ehlich, Konrad & Jochen Rehbein (1979): Sprachliche Handlungsmuster. In: Hans-Georg Soeffner (Hrsg.) Interpretative Verfahren in den Sozial- und Textwissenschaften. Stuttgart: Metzler, S. 243-274.

Ehlich, Konrad (1986): Die Entwicklung von Kommunikationstypologien und die Formbestimmtheit sprachlichen Handelns. In: Kallmeyer (Hrsg.), S. 47-72.

Ehlich, Konrad (1994): Funktion und Struktur schriftlicher Kommunikation. In: Günther, Hartmut & Otto Ludwig (Hrsg.): Schrift und Schriftlichkeit. Bd. 1. Berlin/New York: de Gruyter, S. 18-41.

Ermert, Karl (1979): Briefsorten. Untersuchungen zur Theorie und Empirie der Textklassifikation. Tübingen: Niemeyer.

Fairclough, Norman. 2003. Analysing Discourse. Textual analysis for social research. London/ New York: Routledge.

Fairclough, Norman (2006): Globaler Kapitalismus und kritisches Diskursbewusstsein. In: Keller u.a. (Hrsg.), 339-355.

Fauconnier, Gilles (1985): Mental Spaces. Cambridge, Mass.: MIT Press.

Fehrmann, Gisela & Erika Linz (2009): Eine Medientheorie ohne Medien? Zur Unterscheidung von konzeptioneller und medialer Mündlichkeit und Schriftlichkeit. In: Elisabeth Birk & Jan Georg Schneider (Hrsg.): Philosophie der Schrift. Tübingen: Niemeyer, 123-143.

Feilke, Helmuth (2000): Die pragmatische Wende in der Textlinguistik. In: Brinker u.a. (Hrsg.), 64-83.

Fillmore, Charles J. (1977): Scenes-and-Frames Semantics. In: Antonio Zampolli (Hrsg.): Linguistic Structures Processing. Amsterdam/ New York: North-Holland Publications, 55-83.

Fix, Ulla (1997): Kanon und Auflösung des Kanons. Typologische Intertextualität – ein „postmodernes" Stilmittel? Eine thesenhafte Darstellung. In: Antos & Tietz (Hrsg.), S. 97-108.

Fix, Ulla (2000): Aspekte der Intertextualität. In: Brinker u.a. (Hrsg.), 449-457.

Foucault, Michel (1973/ ³1988): Archäologie des Wissens. Frankfurt am Main: Suhrkamp.

Fleischer, Wolfgang & Georg Michel (1979): Stilistik der deutschen Gegenwartssprache. Leipzig: Bibliographisches Institut.

Fleischer, Wolfgang, Georg Michel & Günter Starke (1993): Stilistik der deutschen Gegenwartssprache. Frankfurt am Main u.a.: Lang.

Frühwald, Wolfgang, Hans-Robert Jauß, Reinhart Koselleck, Jürgen Mittelstraß & Burkhart Steinwachs (1991): Geisteswissenschaften heute. Frankfurt a. M.: Suhrkamp.

Garfinkel, Harold (1967): Studies in Ethnomethodology. Englewood Cliffs: Prentice Hall.

Genette, Gérard (1989): Paratexte. Frankfurt am Main u.a.: Campus.

Giddens, Anthony (1991): Modernity and Self-Identity. Self and society in the late modern age. Stanford, CA: Stanford University Press.

Goffman, Erving (1971): Interaktionsrituale. Über Verhalten in direkter Kommunikation. Frankfurt a.M.: Suhrkamp.

Gruber, Helmut u.a. (2006): Genre, Habitus und wissenschaftliches Schreiben. Eine empirische Untersuchung studentischer Texte. Wien: LIT.

Gülich, Elisabeth (1986): Textsorten in der Kommunikationspraxis. In: Kallmeyer (Hrsg.), 47-72.

Gülich, Elisabeth & Wolfgang Raible (1975): Textsorten-Probleme. In: Linguistische Probleme der Textanalyse. Jahrbuch 1973 des Instituts für deutsche Sprache. Düsseldorf: Schwann, S. 144-197.

Gumbrecht, Hans Ulrich (2006): Pyramiden des Geistes. Über den schnellen Aufstieg, die unsichtbaren Dimensionen und das plötzliche Abebben der begriffsgeschichtlichen Bewegung. In: H. U. G. (Hrsg.): Dimensionen und Grenzen der Begriffsgeschichte. München: Fink, S. 7-36.

Haase, Jana, Werner Holly & Ingo Teichert (2006): Dramaturgie von Webauftritten: Selbstdarstellung und Adressierung. In: Habscheid u.a. (Hrsg.), 200-231.

Habermas, Jürgen (1981/ ⁴1987): Theorie des kommunikativen Handelns. 2 Bände. Frankfurt a.M.: Suhrkamp.

Habscheid, Stephan (2003): Sprache in der Organisation. Sprachreflexive Verfahren im systemischen Beratungsgespräch.

Habscheid, Stephan u.a. (2006): Über Geld spricht man... Kommunikationsarbeit und medienvermittelte Arbeitskommunikation im Bankgeschäft. Wiesbaden: VS.

Habscheid, Stephan (2008): Kommunikationsarbeit als Organisationsproblem. Welchen Beitrag leistet die Angewandte Sprachwissenschaft? In: Susanne Niemeyer & Hajo Diekmannshenke (Hrsg.): Profession & Kommunikation. Frankfurt am Main u.a.: Lang, 33-48.

Habscheid, Stephan (2009): Was gibt es da zu sehen? Ein Rück- und Ausblick, auch unter Aspekten der Anwendung. In: Buss u.a. (Hrsg.), 359-374.

Habscheid, Stephan & Clemens Knobloch (2009) (Hrsg.): Einigkeitsdiskurse. Zur Inszenierung von Konsens in organisationaler und öffentlicher Kommunikation. Wiesbaden: Verlag für Sozialwissenschaften (= VS Research).

Hausendorf, Heiko & Wolfgang Kesselheim, (2008): Textlinguistik fürs Examen. Göttingen: Vandenhoeck & Ruprecht.

Heinemann, Wolfgang (2000): Textsorte – Textmuster – Texttyp. In: Brinker u.a. (Hrsg.), 507-523.

Heinemann, Wolfgang (2000a): Aspekte der Textsortendifferenzierung. In: Brinker u.a. (Hrsg.), 523-546.

Heringer, Hans Jürgen (1988): Normen? Ja – aber meine. In: H. J. H. (Hrsg.): Holzfeuer im hölzernen Ofen. Aufsätze zur politischen Sprachkritik. Tübingen: Narr, 94-105.

Heringer, Hans Jürgen (1999): Das höchste der Gefühle. Studien zur distributiven Semantik. Tübingen: Stauffenburg.

Hermanns, Fritz (1995): Kognition, Emotion, Intention. In: Gisela Harras (Hrsg.): Die Ordnung der Wörter. Jahrbuch des Instituts für deutsche Sprache Mannheim. Berlin: Walter de Gruyter, S. 138-177.

Hermanns, Fritz (1995a): Sprachgeschichte als Mentalitätsgeschichte. Überlegungen zu Sinn und Form und Gegenstand historischer Semantik. In: Andreas Gardt u.a. (Hrsg.): Sprachgeschichte des Neuhochdeutschen. Tübingen: Niemeyer, S. 69-101.

Hermanns, Fritz & Werner Holly (Hrsg.) (2007): Linguistische Hermeneutik. Tübingen: Niemeyer.

Hillebrandt, Frank (2009): Praktiken des Tauschens. Zur Soziologie symbolischer Formen der Reziprozität. Wiesbaden: Verlag für Sozialwissendschaften.

Hörning, Karl H. (2001): Experten des Alltags. Die Wiederentdeckung des praktischen Wissens. Weilerswist.

Holly, Werner (1979): Imagearbeit in Gesprächen. Zur linguistischen Beschreibung des Beziehungsaspekts. Tübingen: Niemeyer (= RGL 18).

Holly, Werner (1997): Zur Rolle von Sprache in Medien. Semiotische und kommunikationsstrukturelle Grundlagen. In: Muttersprache 107, 64-75.

Holly, Werner (2000): ,Frame' als Werkzeug historisch-semantischer Textanalyse. Eine Debattenrede des Chemnitzer Paulskirchen-Abgeordneten Eisenstuck. In: Hajo Diekmannshenke & Iris Meißner: Politische Kommunikation im historischen Wandel. Tübingen: Stauffenburg, S. 125-146.

Holly, Werner (2001): Einführung in die Pragmalinguistik. Germanistische Fernstudieneinheit. Berlin u.a.: Langenscheidt.

Holly, Werner (2007): Audiovisuelle Hermeneutik. Am Beispiel des TV-Spots der Kampagne „Du bist Deutschland". In: Hermanns & Holly (Hrsg.), S. 387-426.

Holly, Werner (2009): Gemeinschaft ohne Solidarität. Zur paradoxen Grundstruktur der „Du bist Deutschland"-Kampagne. In: Habscheid & Knobloch (Hrsg.), 154-175.

Holly, Werner & Stephan Habscheid (2001): Gattungen als soziale Muster der Fernsehkommunikation. Zur Vermittlung von Massen- und Individualkommunikation. In: Tilmann Sutter & Michael Charlton (Hrsg.) (2001): Massenkommunikation, Interaktion und soziales Handeln. Opladen: Westdeutscher Verlag, S. 214-233.

Holly, Werner, Ulrich Püschel & Jörg Bergmann (Hrsg.) (2001): Der sprechende Zuschauer. Wie wir uns Fernsehen kommunikativ aneignen. Opladen: Westdeutscher Verlag.

Hundt, Markus (1995): Modellbildung in der Wirtschaftssprache. Tübingen: Niemeyer (RGL 150).

Isenberg, Horst (1983): Grundfragen der Texttypologie. In: František Daneš & Dieter Viehweger (Hrsg.): Ebenen der Textstruktur. Berlin (DDR): Akademie der Wissenschaften, 303-342.

Jäger, Ludwig (2004): Störung und Transparenz. Skizze zur performativen Logik des Medialen. In: Krämer, Sybille (Hrsg.): Performativität und Medialität. München: Fink, S. 35-73.

Jäger, Marianne (1996): Fatale Effekte. Die Kritik am Patriarchat im Einwanderungsdiskurs. Duisburg: DISS.
Jäger, Siegried (2006): Diskurs und Wissen. Theoretische und methodische Aspekte einer Kritischen Diskurs- und Dispositivanalyse. In: Keller u.a. (Hrsg.), 83-114.
Janich, Nina (2008): Textlinguistik. 15 Einführungen. Tübingen: Narr.
Janich, Nina (2008a): Intertextualität und Text(sorten)vernetzung. In: Janich (Hrsg.), 177-196.
Kallmeyer, Werner (Hrsg.) (1986): Kommunikationstypologie. Handlungsmuster, Textsorten, Situationstypen. Jahrbuch 1985 des Instituts für deutsche Sprache. Düsseldorf: Schwann.
Keller, Rudi (²1994): Sprachwandel. Von der unsichtbaren Hand in der Sprache. Tübingen/ Basel: Francke.
Keller, Reiner u.a. (2001/ ²2006) (Hrsg.): Handbuch Sozialwissenschaftliche Diskursanalyse. Band 1: Theorien und Methoden. Wiesbaden: Verlag für Sozialwissenschaften.
Klein, Josef (1999): Frame als semantischer Theoriebegriff und wissensdiagnostisches Instrumentarium. In: Inge Pohl (Hrsg.): Interdisziplinarität und Methodenpluralismus in der Semantikforschung. Frankfurt a.M.: Lang, 157-183.
Klein, Josef (2000): Intertextualität, Geltungsmodus, Texthandlungsmuster. Drei vernachlässigte Kategorien der Textsortenforschung – exemplifiziert an politischen und medialen Textsorten. In: Kirsten Adamzik (Hrsg.): Textsorten. Analysen und Reflexionen. Tübingen: Stauffenburg.
Klotz, Peter (2007): Ekphratische Betrachtungen. Zur Systematik von Beschreiben und Beschreibungen. In: Heiko Hausendorf (Hrsg.): Vor dem Kunstwerk. Interdisziplinäre Aspekte des Sprechens und Schreibens über Kunst. München, 77-97.
Kluba, Markus (2002): Massenmedien und Internet – eine systemtheoretische Perspektive. In: Networx. Nr. 26. <http://www.mediensprache.net/networx/networx-26.pdf>
Knoblauch, Hubert (2005): Wissenssoziologie. Konstanz: Universitätsverlag Konstanz.
Knoblauch, Hubert (2006): Diskurs, Kommunikation und Wissenssoziologie. In: Keller u.a. (Hrsg.), S. 209-226.
Knobloch, Clemens (1984): Sprachpsychologie. Ein Beitrag zur Problemgeschichte und Theoriebildung. Tübingen: Niemeyer.
Koch, Peter & Wulf Oesterreicher (1994): Schriftlichkeit und Sprache. In: Hartmut Günther & Otto Ludwig (Hrsg.): Schrift und Schriftlichkeit. Writing and its use. Ein interdisziplinäres Handbuch internationaler Forschung. 1. Halbband. Berlin/ New York: de Gruyter, 587-604.
Krämer, Sybille (2008): Medium, Bote, Übertragung. Kleine Metaphysik der Medialität. Frankfurt am Main: Suhrkamp.
Krejči, Thomas (1941): Zum syntaktisch-stilistischen Problem der Wirtschaftssprache. Berlin.
Lakoff, George & Mark Johnson (1980): Metaphors We Live By. Chicago: Chicago University Press.
Langacker, Ronald W. (1987): Foundations of Cognitive Grammar. I. Stanford, CA: Stanford University Press.
Latour, Bruno (2005/ 2007): Reassembling the Social. An Introduction to Actor-Network-Theory. Oxford: Oxford University Press. Dt. Eine

neue Soziologie für eine neue Gesellschaft. Frankfurt a. M.: Suhrkamp 2007.

Link, Jürgen (2006): Diskursanalyse unter besonderer Berücksichtigung von Interdiskurs und Kollektivsymbolik. In: Keller u.a. (Hrsg.), S. 407-430.

Luckmann, Thomas (1986): Grundformen der gesellschaftlichen Vermittlung des Wissens: Kommunikative Gattungen. In: F. Neidhardt u.a. (Hrsg.): Kultur und Gesellschaft. Sonderheft 27 der Kölner Zeitschrift für Soziologie und Sozialpsychologie. Opladen: Westdeutscher Verlag, S. 191-211.

Luhmann, Niklas (1996). Die Realität der Massenmedien. 2., erweiterte Auflage. Opladen: Westdeutscher Verlag.

Malinowski, Bronislaw (1923/ 1949) The problem of meaning in primitive languages. In: C. K. Ogden & I. A. Richards: The meaning of meaning. A study of the influence of language upon thought and of the science of symbolism. London: Routledge & Kegan Paul, S. 296-336.

Martinec, Radan & Theo van Leeuwen (2009): The Language of New Media Design. Theory and Practice. New York: Routledge.

Merten, Klaus (1994): Evolution der Kommunikation. In: Klaus Merten, Siegfried J. Schmidt & Siegfried Weischenberg (Hrsg.) (1994): Die Wirklichkeit der Medien. Eine Einführung in die Kommunikationsgesellschaft. Opladen: Westdeutscher Verlag, S. 141-162.

Minsky, Marvin (1975): A Framework for Representing Knowledge. In: P. H. Winston (Hrsg.): The Psychology of Computer Vision. New York, 355-377.

Nothdurft, Werner (1986): Das Muster im Kopf? Zur Rolle von Wissen und Denken bei der Konstitution interaktiver Muster. In: Kallmeyer (Hrsg.), 92-116.

Paul, Ingwer (1999): Praktische Sprachreflexion. Tübingen: Niemeyer.

Polenz, Peter von (1985/ ³2009): Deutsche Satzsemantik. Grundbegriffe des Zwischen-den-Zeilen-Lesens. Berlin/ New York: de Gruyter.

Posner, Roland (1985): Nonverbale Zeichen in öffentlicher Kommunikation. Zu Geschichte und Gebrauch der Begriffe ‚verbal' und ‚nonverbal', ‚Interaktion' und ‚Kommunikation', ‚Publikum' und ‚Öffentlichkeit', ‚Medium' und ‚Massenmedium' und ‚multimedial'. In: Zeitschrift für Semiotik 7, S. 235-271.

Posner, Roland (1986): Zur Systematik der Beschreibung verbaler und nonverbaler Kommunikation. In: Hans-Georg Bosshard (Hrsg.): Perspektiven auf Sprache. Berlin/ New York, S. 267-314.

Reisigl, Martin (2009): Zur Medienforschung der Kritischen Diskursanalyse. In: Stephan Habscheid & Bernhard Nett (Hrsg.): Schnitte durch das Hier und Jetzt. Qualitative Methoden medienwissenschaftlicher Gegenwartsforschung. Themenheft der Zeitschrift „Navigationen" 9 (2009) 2, S. 43-78.

Rolf, Eckhart (1993): Die Funktionen der Gebrauchstextsorten. Berlin/ New York: de Gruyter.

Rothkegel, Annelie (1999): Produktionswerkzeug und Anwendungsdesign. In: Eva-Maria Jakobs (Hrsg.): HyperText, Text, KonText. Frankfurt am Main: Lang.

Sandig, Barbara (2000): Text als prototypisches Konzept. In: Mangasser-Wahl, Martina (Hrsg.): Prototypentheorie in der Linguistik. Anwendungsbeispiele – Methodenreflexion – Perspektiven. Tübingen: Stauffenburg, S. 93-112.

Schank, Roger C. & Robert P. Abelson (1977): Scripts, plans, goals, and understanding. Hillsdale, N.J.: Erlbaum.

Schmidt, Siegfried J. (1973): Texttheorie. Probleme einer Linguistik der sprachlichen Kommunikation. München: Fink.

Schmitz, Ulrich (2002): E-Mails kommen in die Jahre. Telefonbriefe auf dem Weg zu sprachlicher Normalität. In: Ziegler & Dürscheid (Hrsg.), S. 33-56.

Schmitz, Ulrich (2004): Sprache in modernen Medien. Einführung in Tatsachen und Theorien, Themen und Thesen. Berlin: Schmidt.

Schwarz, Monika (1992): Kognitive Semantiktheorie und neuropsychologische Realität. Repräsentationale und prozedurale Aspekte der semantischen Kompetenz. Tübingen: Niemeyer (= Linguistische Arbeiten 273).

Schütz, Alfred (1971): Gesammelte Aufsätze. Bd. I. Den Haag: Martinus Nijhoff.

Searle, John R. (1969): Speech Acts. An Essay in the Philosophy of Language. Cambrige: Cambridge University Press.

Soeffner, Hans-Georg (1986): Handlung – Szene – Inszenierung. Zur Problematik des „Rahmen"-Konzeptes bei der Analyse von Interaktionsprozessen. In: Kallmeyer (Hrsg.), 92-116.

Swales, John M. (1990) Genre Analysis: English in Academic and Research Settings Cambridge: Cambridge University Press.

Toulmin, Stephen E. (1958): The Uses of Argument. Cambridge, UK: Cambridge University Press.

Warnke, Ingo H. & Jürgen Spitzmüller, (2008): Methoden und Methodologie der Diskurslinguistik – Grundlagen und Verfahren einer Sprachwissenschaft jenseits textueller Grenzen. In: Dies. (Hrsg.): Methoden der Diskurslinguistik. Sprachwissenschaftliche Zugänge zur transtextuellen Ebene. Berlin/ New York: de Gruyter, S. 3–54.

Weber, Max (1921/ ⁵1980): Wirtschaft und Gesellschaft. Grundriss der verstehenden Soziologie. Tübingen: J. C. B. Mohr (Paul Siebeck).

Wegener, Philipp (1885): Untersuchungen über die Grundfragen des Sprachlebens. Halle: Niemeyer.

Widdowsen, H. G. (1998): The Theory and Practice of Critical Discourse Analysis. In: Applied Linguistics 19 (1998) 1, 136-151.

Willems, Herbert & York Kautt (2003): Theatralität der Werbung. Theorie und Analyse massenmedialer Wirklichkeit: Zur kulturellen Konstruktion von Identitäten. Berlin/ New York: de Gruyter.

Wittgenstein, Ludwig (1984): Philosophische Untersuchungen [PU]. In: L. W.: Werkausgabe. Bd. 1. Frankfurt am Main: Suhrkamp.

Wodak, Ruth (1995): Critical Linguistics and Critical Discourse Analysis. In: Jeff Verschueren u.a. (Hrsg.): Handbook of Pragmatics. Manual. Amsterdam/ Philadelphia: Benjamins, S. 204-210.

Ziegler, Arne & Christa Dürscheid (Hrsg.) (2002): Kommunikationsform E-Mail. Tübingen: Stauffenburg.

Ziem, Alexander (2009): Sprachliche Wissenskonstitution aus Sicht der Kognitiven Grammatik und Konstruktionsgrammatik. In: Ekkehard Felder & Markus Müller (Hrsg.): Wissen durch Sprache. Theorie, Praxis und Erkenntnisinteresse eines Forschungsnetzwerks. Berlin/ New York: de Gruyter, S. 171-204.

Zifonun, Gisela, Ludger Hoffmann & Bruno Strecker (1997): Grammatik der deutschen Sprache. 3 Bände. Berlin/ New York: de Gruyter.

Index